種　福

做內心覺得應該做的事

許峰源 著

Part 1 書箱在哪裡，我就在哪裡

Part 2 練習讓自己的每一天有意義

Part 3 好運氣，來自好的生命態度

〈自序〉

在眞實生命經驗中體驗到種福的力量

謝謝你願意在數以萬計的書中，拿起這本平凡的書。

這是我的第七本著作。

雖然已經出版了七本書，但說實話，我依舊不認爲自己的文筆是好的。我只是不斷練習著把自己眞實的生命體悟寫下來，一個字一個字慢慢寫下來。

我的寫作習慣跟其他作家有點不一樣。

我無法先設定好一個主題，然後依著這個主題開展寫出各個章節。

我能做到的，是記錄下有緣與我相遇的這些人、那些事，並眞誠樸實地分享我內心的生命體悟。

累積一個又一個故事後，從這些故事中總結萃取出這本書的書名。

因此可以說，這是一本集結了二十多個看似各自獨立、卻有著共同中心思想的故事的書，如此而已。

這樣的寫作習慣持續了十幾年，從第一本書到第七本，也就是這本《種福》，已經分享了超過兩百個小故事了。

如果這些小故事能對你有所幫助，那很好，代表我們有緣；如果沒有，也沒關係，可以把這本書放在一旁就好，或許等未來有緣，你會再次遇見、想起、拿起這本書。

《積善》是我的第六本著作，感謝每一位讀者的支持，讓它獲得很大的迴響，也成為博客來網路書店二〇二一年心理勵志類年度百大暢銷書。

而這本《種福》，可以說是延續了《積善》的中心思想。

積善，是一件好事，但到底好在哪裡？或許這是很多人的生命疑問。

人一輩子的際遇，可以概括為兩個字，那就是「命」與「運」。

而人一生能夠努力的大方向，就是「轉運造命」。

很多人以為想要轉運造命，必須不斷地算命、改運、看風水；其實，轉運造命真正需要的，是累積一個人的福報。

福報，聽起來很老套、俗氣，但在我的真實生命經驗中，福報的力量是真實不虛、不可思議的，遠超過人類大腦極有限的邏輯理解。

在我看來，人與人之間真正的差異，不是貧富貴賤、高矮胖瘦，而是福報的深淺；甚至終有一天我們會明白，福報就是命運，命運就是福報。

「積善，就是種福，就是專心做內心覺得應該做的事。」這就是這本書所有故事的中心思想，從各個獨立的故事中得到驗證，也從各個故事中深化體悟。

這個「積善、種福」的起心動念與實踐，真實翻轉了我貧窮的命運，無限正向轉化了我的心境，更引領我與無數人的生命產生連結，所以我願意真心質樸地與你分享這一個個小故事。

李小龍說過，他不怕會一萬種招式的人，但怕一種招式練一萬次的人。我的每一天只專注做好一件事，就是在每個有緣與我相遇的人心中，留下一顆小小的慈悲力量種子。這就是我內心覺得應該做的事。

這是我唯一會的一招，沒有別的了。

我的生命不是往好的方向走，也不是往壞的方向，而是往善的方向走。我不積財也不積名，只是積善；而我生命的改變，就從積善、種福的心念開始。

※特別聲明：爲尊重及保護當事人，除經當事人同意外，本書故事中的人物姓名、職業、場景、對話、故事內容皆已改寫。

Part 1

書箱在哪裡，我就在哪裡

書箱在哪裡，我就在哪裡

前此日子，我來到位於新北市山區的一所慈暉教育學校演講。

所謂的慈暉教育學校，主要是收容及輔導因父母亡故、入獄，或家庭遭遇重大變故，致使生活陷入困境、無法就學者，以及行爲偏差中輟復學的學生。

慈暉學校的學生統一住校管理，因爲慈暉教育最重視的不是升學考試，而是孩子們的品格教育和身心健全的養成教育。

我會來到這個學校演講、分享，起源於一個平凡的緣分，一位只能偷偷關心孩子的媽媽的請託。

多年以來，我在臺灣各地學校巡迴分享。

在校園演講過程中，得知各縣市的高

中、國中、國小都有在推動所謂的共讀書箱，也就是在一個書箱中裝著約四十本同樣的書，由老師指定全班同學共同閱讀，並於閱讀後進行生命教育、心得討論。然後，再傳遞給下一個班級閱讀——也就是說，這個共讀書箱會持續在一個又一個孩子的手上傳遞閱讀著。

不少學校老師告訴我，很希望可以讓孩子們讀到《年輕，不打安全牌》這本好書，但礙於經費，無法購足四十本來完成《年輕，不打安全牌》共讀書箱的活動。在一次次聽到身處教育工作第一線的老師們的困難後，我就開始思索如何圓滿這件好事。

自以為聰明、有商業頭腦的我，想到了一個三全其美的方法。

第一，我沒有在接業配，但又有不少廠商願意付費，希望能在我的臉書粉絲團曝光。如果可以讓廠商捐贈這個共讀書箱，就可以名正言順地在粉絲團上宣傳這件好事，然後順勢讓廠商有機會露出。

第二，學校的孩子們可以得到《年輕，不打安全牌》的共讀書箱，讀到這本好書。

第三，出版社也能因此增加書籍的銷售量。

於是，我把這個三全其美的行銷方案更細緻化，並且開始發文宣傳。

但事情的發展跟我想的不一樣……

雖然有不少企業來捐贈共讀書箱，但幾乎都沒有要求在粉絲團曝光。這些公司的老闆跟後續很多參與捐贈的平凡小人物一樣，大多只是想回饋自己的母校，或是想捐贈給有特殊情感回憶的學校，甚至有更多是低調不具名、交由我找到有緣學校的善心人。

這讓我產生了某種生命疑問，也讓我停下腳步，靜下心來省思這個共讀書箱更深層的意義。

後來，靜宜媽媽的故事讓我徹底把這個疑問想得通透、想得明白了。

有一天，一位年齡與我相仿的媽媽私訊聯繫我，想要捐贈共讀書箱。

這位媽媽叫作靜宜，她跟我分享了自己的故事，以及捐贈共讀書箱的起心動念。

靜宜是苗栗通霄人，在一個充滿家暴的環境中成長，父親打零工賺取微薄的收入，卻嗜賭又嗜酒，每次喝醉回到家，就會對靜宜和母親施暴。

每當靜宜犯錯時，爸爸就會大聲咆哮，拿扁擔、鐵條抽打她，有一次甚至還逼靜宜在滿是碎玻璃的地上罰跪。

靜宜很害怕，想要逃、想離開這個家，但每次被爸爸抓回來後，就會被捆綁雙手，吊在三合院的牆上鞭打，或是被拿香菸燙手，然後用狗鍊拴住，不讓她再次逃跑。

小靜宜不懂得如何求救，但心早已滿是傷痕，更多的是難以癒合的傷疤。

到了國中，靜宜終於完成逃家計畫，卻也因此輟學了。

她心裡是這麼想的：「只要能夠逃離這個家，就可以永遠不再被家暴了。」

但是，一個國中二年級的十四歲孩子離家，如何自力更生呢？

靜宜去了檳榔攤、網咖、宮廟陣頭、遊藝場等地方廝混、打工。

沒有了學校的拘束，沒了髮禁，靜宜把頭髮留長了，並用雙氧水染成叛逆的金黃色。

在宮廟陣頭中，她認識了大她幾歲的小混混——阿輝。

阿輝也是中輟生，以替賭場看場子維生，平時就在宮廟陣頭廝混、招攬小弟。

靜宜雖然只有十幾歲，但已經有一百六十五公分的高䠷身材，加上清秀的臉龐與大大的眼睛，所以身邊有很多追求者，包括阿輝。

阿輝是那群混混的老大，對靜宜也很好，有阿輝的保護，讓她覺得很有安全感。

很快地，兩人就在一起了。靜宜以爲自己遇到了眞命天子。

一、兩年後，靜宜懷孕了，這時的她十七歲。

阿輝很有男子氣概地說：「生下來吧，我會負責養！」

隔年，靜宜生下一個女兒——小妤。這時的她十八歲。

用嘴巴承諾很容易，眞的實際承擔責任就沒有想像中簡單。阿輝雖然很努力地看場子，甚至到工地打零工，但養育孩子的龐大費用哪是兩個小大人能夠輕易負擔的。

兩人雖然省吃儉用，但總是入不敷出。此外，有了家累之後，阿輝也不能隨便與人逞兇鬥狠，總不能犯案然後被抓進監獄關吧？那靜宜母女怎麼辦？

孩子的開銷和家庭經濟的擔子越來越重，阿輝夜以繼日在賭場、工地賺錢，依舊難以爲繼。

龐大的壓力，讓他開始酗酒，甚至爲了賺更多錢，也開始賭博。

慢慢地，阿輝越喝越多，越賭越大；慢慢地，他回到家開始會毆打靜宜。

靜宜逃離了充滿家暴的原生家庭，卻自己組建了另一個家暴家庭。

她只能每天以淚洗面，自己也不知道爲什麼會這樣，不知道該怎麼辦，畢竟，她還不到二十歲……

後來，阿輝開始吸毒，接著販毒，然後被抓進監獄。

迫於無奈，靜宜只能同意將女兒送回阿輝的雲林老家，讓女兒的阿公阿嬤扶養。

只有小學學歷的靜宜，找不到什麼好工作。爲了寄錢回雲林養女兒小妤，只能重操舊業，去縱貫線路旁、鐵皮屋搭建的檳榔攤當檳榔西施。

這樣的日子過了好幾年，中間靜宜有過幾段感情，甚至有論及婚嫁的對象，最後都因種種理由而沒有結婚——是什麼原因其實靜宜自己心裡很清楚，只是對方家長不願明說而已。

後來，靜宜的苗栗老家傳來消息：那個酗酒、嗜賭的爸爸罹患了肝硬化及食道癌。

靠打零工維生、沒什麼積蓄的爸爸罹癌了，根本沒有辦法支付醫療費用。於是，媽媽開口求了靜宜。

靜宜內心的情緒極度複雜、矛盾，甚至憤怒，但善良的她還是想辦法擠出了錢，寄回苗栗老家。

爲了增加收入，她白天當檳榔西施，晚上還去俗稱阿公店的風化場所當陪酒小姐。

在阿公店上班時，靜宜認識了大她十幾歲、在夜市擺攤賣麻油雞的老胡。

老胡雖然是個沒什麼文化的粗人，但人很老實，對靜宜很好。

靜宜心中一直想要過的就是平凡的日子，想要有一個平凡的家。於是，她答應了老胡的追求，老胡也結束了羅漢腳的單身日子。

兩夫妻一起在夜市打拚賺錢。

老胡不只對靜宜好，對她的家人也好，讓她爸爸接受安寧療護，讓一輩子命苦的媽媽安享晚年。

他們兩人婚後生了兩個孩子，一女一男，過著平凡的日子。但靜宜心中一直有另一塊心頭肉，讓她感到愧疚又擔憂，那就是大女兒小妤。

或許因爲靜宜長期在外工作賺錢，也或許因爲男方父母不太願意讓再婚的靜宜與女兒有過多接觸，所以母女兩人的關係有些生疏、尷尬。

基於某些不便明說的原因，在阿公阿嬤的教育下，小妤對靜宜有著很大的拒絕、排斥的情緒，這讓靜宜很難過、很無力。

長大後個性叛逆的小妤，連阿公阿嬤也管不動，學習成效低落。加上父親不斷進出監獄，她進入國中叛逆期後，情況更爲嚴重，學校只能將小妤轉學至所謂的慈暉學校就讀。

其實靜宜一直都有默默到學校關心小妤，老師也理解她的難處。

爲人母親的她只能偷偷關心自己的女兒，這其中有著許多人生的悲哀與無奈。

一個共讀書箱，承載著一個母親對女兒的祝福

靜宜長期都有追蹤我的臉書粉絲團。

她告訴我，當年在生命最煎熬的困境中，尤其是在阿公店陪酒時，每天晚上喝了很多酒，回到家卻累到睡不著；在屈辱、卑微、失去尊嚴的情緒夾擊下，吃了安眠藥也一樣睡不著。

後來雖然認識了老胡，改變了生活環境，但她其實早已罹患憂鬱症而不自知。

在一個緣分下，她讀到我的著作。

寫給我的信裡，靜宜提到：「老師書裡有一句話讓我印象最深，那就是『爆炸性的壓力，才有爆炸性的進步』。這句話我一直記在心裡。看完老師的書，我不再胡思亂想，我會換位思考；當我又想不開時，我就會想到老師這句話，這讓我不再糾結自己的不幸，想要改變、想要成長。

「老師的生命故事讓我明白，不管多惡劣的環境、多不幸的人生，我都能去做善的事情。所以我開始試著去當志工、去當愛心媽媽，試著去幫助更多人。老師的書可以說翻轉了我的人生，連我老公也常常這樣說。

「謝謝老師不嫌棄我書讀得少，文筆不好，但我很感謝老師。我不善於言語，只

知道默默地做好事，不求回報。」

靜宜從我的臉書得知共讀書箱的活動。她知道如果直接買書給小好，她肯定會排斥、拒絕，但她眞的很希望女兒可以讀到《年輕，不打安全牌》這本書。所以她想著，如果由她匿名捐贈共讀書箱給學校，由學校老師帶領學生一起閱讀，這樣小好自然就會讀到這本書，吸收到書裡的正向價值觀。

靜宜眞心盼望小好的人生不要像她一樣，那麼悲慘、卑屈、掙扎。這是一個母親最深切的願望：希望女兒可以過著平凡簡單的幸福生活。

就是這樣一個起心動念，靜宜聯繫了我，表達捐贈共讀書箱的意願。

聽了靜宜分享的生命故事，我內心很觸動。我明白為人母親的心情，也理解靜宜的難處與無奈。

我跟靜宜說：「書箱在哪裡，我就在哪裡。」我承諾，我會親自到小好就讀的慈暉學校，跟孩子們分享。

這就是我出現在這所學校的緣分所在。

讓我很驚喜的是，這次的演講給我留下很深的好印象。

或許他們的考試成績沒有一般學校的學生好，但至少我親眼所見的是，整個演講活動，孩子們會互相幫忙，負責接待的負責接待、抬講臺的抬講臺、準備音響的準備音響、整理桌椅的整理桌椅，整體氛圍充滿紀律、規矩。

整場演講的聽講品質非常好，而且從接待開始，孩子們跟我互動時不僅很有禮貌、恭敬，而且都會先鞠躬九十度，然後才抬起身說話。

眞心感謝在慈暉教育第一線的老師們的奉獻。我明白這眞的很不容易，他們一定付出了我們難以想像的心力、耐心與愛。

演講結束後，我特別找了機會與小妤見個面，隨意地聊聊天，還在她的筆記本上簽名，寫下幾句勉勵的話。

小妤臉上露出靦腆、開心的笑容。

幾個月後，靜宜再次聯繫我，想要再捐一箱書給小妤就讀的慈暉學校。靜宜說：「學校老師說那場演講的反應很好，同學們都搶著要閱讀《年輕，不打安全牌》，各班都在排隊等著。」

於是她想要多捐一箱書。縱使小妤已經畢業離校，但靜宜認爲只要能讓更多孩子讀到《年輕，不打安全牌》，就是一件好事。

她這幾年來在學校、醫院擔任志工，有時還能幫忙學校老師，給邊緣孩子一些過來人的經驗，拉他們一把。

靜宜告訴我，在接受正規心理醫師的治療後，她現在已經慢慢不用再吃憂鬱症的藥了。她除了很感謝醫生，也感謝我的書驅動了她走出去幫助別人，從幫助別人的過程中獲得價值感、歸屬感。

而小妤在慈暉學校老師的幫助下，一點一點變好，學習也慢慢回到常軌。國中畢業後，她考上雲林的北港高中，搬回雲林跟阿公阿嬤住。

能夠考上北港高中，小妤自己很滿意，也多了份對自己的信心。

現在靜宜也報名國中的夜補校。雖然已經四十歲了，但她想要彌補人生的缺憾，希望有機會一路讀上去，讀完大學的夜間部，未來可以幫助更多人。

心念越純正，力量越強大

靜宜的故事讓我對生命有所反省，讓我明白，原來無數人之所以願意幫助我、支持我，單純只是因爲我在做一件好事，如此而已。

任何的行銷、期待、算計，都是多餘的，甚至是某種程度的分心、干擾。

我們的心念越純正，力量就越強大。

當我們不分心，老實做事，專心做內心覺得應該做的事，一直做、一直做，就會

蓄積一股純然、眞實的光明力量，感染影響無數人。

當人們深刻感受到我們眞的在做一件好事時，自然會伸出援手，因爲只要幫助我們，等於他們也幫助到很多很多人，這是每個人內心深處都有的向善力量。

到目前爲止，已經有超過一百所學校獲得《年輕，不打安全牌》的共讀書箱捐贈，數千本《年輕，不打安全牌》在數以千計、萬計的孩子們手上閱讀著、傳遞著，這件好事依然在持續進行著……

後來，靜宜又主動聯繫我，說想要再捐贈一箱書給苗栗縣的通霄國中。

「爲什麼？」我好奇地問，「我記得你不是沒有畢業？」

「就是因爲我沒有畢業，才想要捐書啊。」靜宜開朗地說，「我們通霄有很多跟我類似的家庭，我希望母校的學弟妹可以在國中階段就讀到這本好書，這樣他們就不會像我當年一樣中輟啊。我希望他們比當年的我會想。」

靜宜的這番話，讓我沉默了一會兒。

他們夫妻只是在夜市賣麻油雞的攤販，我知道這樣的發心很不容易。

或許，就是因爲這樣的善心與善行，讓靜宜慢慢改變了自己的命運。

二〇二二年一月二十日，我來到苗栗縣通霄國中跟孩子們分享，履行了「書箱在哪裡，我就在哪裡」的承諾。

謝謝靜宜，謝謝無數平凡善良的書箱捐贈人，謝謝推動閱讀教育的老師，我們一起完成了一件件好事。

在無數人心中
鮮明、活潑、光亮地活著

二〇二〇年，我在臉書的私訊信箱收到一封校園演講邀請信。

「許老師，您好，我是臺南聖功女中的張雅惠老師，因爲聽過您在TED的演講和拜讀過您的書，深深覺得如果能邀請您來我們聖功女中跟學生們演講，那絕對是我們孩子莫大的幸運。學生的人生經驗畢竟有限，希望透過許老師奮鬥的人生經驗分享，能被鼓勵，相信努力的價值。不知道我們是否有這個榮幸邀請您在二〇二〇年十一月二十七日（五）下午一點到兩點四十五分，對全校的高一、高二學生演講呢？」

一如往常，我查看了行事曆，有空檔，於是回信應允了這場演講。

接下來，我們就透過Line聯繫演講細

節。

雅惠老師花了很長的時間向我介紹聖功女中這所學校，還有孩子們的特質、學習傾向等，感覺她幾乎對每個學生的狀況都瞭如指掌，甚至如數家珍，熱情地跟我分享一個個學生讀完我的著作後回饋的心得，以及對她們的影響與改變。

此外，她也耐心地跟我確認高鐵票、交通方式、講義檔案、投影設備、麥克風等細節，還先到當天要演講的演藝廳拍照給我，讓我預先知道會在什麼樣的場地分享。這樣的小貼心讓我印象深刻，因爲講者到校園分享，往往很重視會在什麼場地演講——演藝廳、體育館、大禮堂，或是最可怕的操場，不一樣的場地，學生的專注度有所不同，所以事前確認並看到場地照片眞的非常重要。

而因爲難得到臺南演講，我當然要多詢問一下聖功女中附近有什麼樣的臺南小吃。這是我到全臺灣各地、甚至偏鄉學校分享時，最期待的小樂趣之一。後來雅惠老師幫我打聽到學校附近有一家開了幾十年的魷魚羹，就等著我演講當天好好品嘗。

到了十一月二十七日，我一大早搭高鐵下臺南，早上十一點半就抵達聖功女中了。除了因爲習慣提早到場準備演講，還有要提早來吃魷魚羹的小確幸。

一嘗之下果然非常好吃。我向雅惠老師表達感謝，也隨意跟她閒聊，這才知道原來雅惠老師自己從沒吃過這家魷魚羹，因爲她吃素……但爲了我，她專程跑去買，希望我在演講前可以吃到美食，然後帶著好心情分享。

雅惠老師興高采烈地跟我聊著她教的班級的孩子，希望我的生命故事與親臨現場，可以給她們很大的激勵與啓發。

在這過程中，我深刻感受到雅惠老師對自己教的學生有著很深的情感，付出很多，像母親般關懷、呵護，加上些微愛之深、責之切的叨念。

雅惠老師大我沒幾歲，單身，是個英文老師，也擔任班導，教育事業與學生就是她生命的每時每刻了。

演講很圓滿地完成了，聖功女中學生的聽講品質非常好，女校同學的熱情與活躍還讓我有些害羞呢。

不過，這場高品質的好演講其實是我打從一開始就預想到的。以講者身分走過幾百所學校，我從一開始與聯繫窗口老師溝通的過程，幾乎就能預測校方對這場演講的重視與準備程度。

雅惠老師的用心、細心與溫暖，給我留下非常深刻的好印象，我甚至承諾來年再到聖功女中分享。

而我與雅惠老師也因爲這次的緣分，結爲朋友，後來一直保持聯繫。

一個以學生為念的老師，一場圓滿心願的捐贈行動

幾個月後，二〇二一年三月，我的第六本著作《積善》出版了。

我忙著簽各地湧入的數千本團購書，一批又一批，手很累，但心很暖。

有一天，我如常進入出版社，準備簽書。

出版社夥伴已經在簽書桌上備了一百本《積善》，然後遞給我一張團購傳眞紙。團購單下方的空白處寫著：「雖然很怕增加許老師的工作量，但如果方便的話，眞的很希望可以請許老師簽名題字。我想藉由許老師的加持，可以讓妹妹（張雅惠）牽掛的學生們得到更大的正向力量。謝謝您。張育鳳，二〇二一年四月二十八日。」

看著這個備注，我一時也沒多想，正要簽書時，卻發現站在一旁準備協助我的同仁眼眶泛紅。

我察覺不太對勁，於是再認眞看一下備注……「張雅惠？是臺南聖功女中的張雅惠老師嗎？」我問道。

「是的。」

「奇怪，雅惠老師是我的朋友，如果她團購我的書，自己買就好了，爲什麼要由她姊姊出面團購，還送給雅惠老師的學生？而且，『牽掛的學生』？這是什麼意思？」我內心隱約覺得很不安。

「因爲張雅惠老師去世了……這一百本《積善》是她家人出錢購買的，用來完成雅惠老師的心願。」

我足足有好長一段時間說不出話來，因爲覺得很不眞實，也不知道該說什麼。我立刻打開手機，察看我們最後一次聯絡的訊息——時間停留在二〇二〇年十二月十八日。

二〇二〇年年底，或許是因爲陪伴孩子們準備學測的辛勞，也或許是長期工作壓力的累積，雅惠老師一直感覺身體不適，便趁空檔請假去看醫生。

醫生診斷爲腎臟病，情況很嚴重，甚至建議她馬上洗腎。

這讓雅惠老師非常無法接受。她才四十二歲，之前也沒有相關病史，怎麼第一次就診就判定她要終身洗腎？

跟醫生溝通、爭取後，她希望可以先透過調整工作步調、飲食和作息來改善。

就這樣過了幾個月，雅惠老師不辭勞苦地帶著孩子們完成了學測的重大關卡。但在農曆年過後沒多久，她的病情急轉直下，一直沒胃口、吃不下什麼東西，一吃就吐，所以趕緊掛急診。

醫生緊急幫她洗腎，並要求她立刻住院，接受至少三個月的洗腎治療。

雅惠老師放心不下那些學測考得不太理想、準備衝刺七月份指考的孩子。「這些孩子在學測受挫，要面臨背水一戰的指考，一定很需要、很想要我陪在她們身邊。」

但在醫生的堅持下，她只能妥協。

「姊，可以幫我把家裡那六本許峰源老師的書都帶來醫院嗎？我想在住院期間好好再看幾遍。」雅惠老師在電話中跟姊姊育鳳交代著。

「《積善》這本書，給我很大的幫助與啓發。我要趕緊把身體養好，希望出院後，可以送給我班上的孩子一人一本，最好還要有許老師的簽名。」雅惠老師滔滔不絕地跟坐在病床邊的姊姊分享《積善》的讀後心得。

病房的床頭櫃上，整齊立著我的六本著作，每一本都貼滿小書籤、畫滿重點。

但在隔天深夜，雅惠老師因爲緊急洗腎導致電解質失衡，引發心臟嚴重痙攣。經過緊急搶救，依然回天乏術，雅惠老師在清晨宣告不治，享年四十二歲。

在後來育鳳傳給我的告別式現場影片中，我看到數百名穿著聖功女中制服的孩子和畢業的學生，一個個都哭成了淚人兒，帶她們來的老師也個個眼眶泛紅、掩面啜泣，夾雜著不可置信、心疼、不捨，甚至是對老天的憤怒與埋怨。

在回顧影片中，我看著雅惠老師慈悲、婉約、溫暖的笑容，還有孩子們與她搞笑、嬉鬧、毫無身段的互動，是那麼活生生、那麼眞實，但她眞的走了……

告別式當天一早下起了大雨，前來弔唁的親友已經擠滿會場，聖功女中的數百名孩子抵達時可能只能站在會場外淋雨，這讓雅惠老師的家人很擔心。

結果，當遊覽車一輛輛開進殯儀館的停車場後，雨慢慢地停了；等孩子們集合好，由老師帶到告別式會場外時，天逐漸放晴，陽光慈悲、婉約、溫暖地照了下來。

或許是巧合，也或許是雅惠老師捨不得她守護一生的孩子們淋雨吧。

在告別式和火化圓滿完成後，雖然雅惠老師家裡的經濟並不寬裕，但她的家人還是決定出錢購買一百本《積善》，以「張雅惠老師」的名義捐贈給聖功女中，讓雅惠老師帶的班級的孩子人手一本，圓滿她往生前的小小遺願。

「這是我們唯一、也是最後能幫雅惠做的。我們堅信她知道了會很高興，因爲峰源老師的書是她在彌留前唯一還想看的書，而她生命中最愛的除了家人之外，就是學校的師生了。」育鳳說道。

這一切讓我覺得很不眞實。有一天，我不自覺地打開了手機的 Line，在聯絡人中找到「張雅惠老師 臺南聖功女中」，試著傳了一個貼圖過去。

沒想到，過了約莫半小時，我手機的鎖定畫面竟顯示了雅惠老師的回覆訊息……

我心裡微微一震，趕緊打開手機查看。

原來，是育鳳用雅惠老師的帳號回覆我……我又被拉回了現實。

當我簽完書，出版社將書寄達聖功女中後，我收到育鳳傳來的一段訊息：

「峰源老師您好，我是張雅惠的姊姊（張育鳳）。妹妹因爲很喜愛閱讀您的書，在離世前一天還交待我們要把您寫的書都幫她帶去醫院給她（其實她之前都已經看完了）。她對學生很疼愛，也很盡心，都會介紹學生看好書，也時常會帶學生去看好電影，但就是把自己的健康都放在最後，才會讓自己和大家都來不及準備就離世了。在幫妹妹辦後事的這段時間，感受到學校師長和學生對她的不捨和疼愛，才知道我的妹妹這麼棒。爲了感謝聖功女中師長們對我們遺族的關照，我想了一件妹妹會做的事，就是買您的《積善》這本好書送給學校。因爲自己能力有限，所以只能買一百本，由學校代爲處理。本來向出版社表達，擔心峰源老師您太忙了，不忍再讓您增加簽名的工作量，但一想到如果可以藉由老師您簽名的加持，讓讀這本書的學生都能得到更多正向的能量，那會更有意義，所以才又拜託出版社幫忙轉達。很感謝峰源老師願意幫忙，謝謝您。」

可以活在他人心中，是最難得的緣分

有時我在想，人一生的壽命有長有短，壽命的長短完全不是人可以掌握的，也沒有絕對的好壞。最重要的是，無論壽命長短，我們是否能讓自己活在世上的每一天都有意義，一天天持續地奉獻自我，爲了利益他人而活。

當我們的存在本身，對無數人的生命有著點點滴滴的價值與意義，我們就不再是自己一個人孤單地活在這個世界上。我們會永遠被放在心上，那怕肉體消殞，我們的靈命依舊在無數人的心中鮮明、活潑、光亮地活著。

我只是一個很平凡的人，在生命中遇見一個又一個有緣人，他們提醒了我命中注定的責任，讓我明白自己承載無數人對我的信任與期望；他們毫無保留地相信我會持續腳踏實地走在作家這條人生正途上，一起去幫助、影響更多有緣人。

或許，在很多人看來，我擁有了某種程度的社會影響力，也贏得了世俗的財富與地位，但在內心深處，我感受到的並不是功成名就的喜悅，而是一種很難以言喻的責任。

人一輩子可以進入一個人的生命之中、活在一個人的心中，是最難也最難得的緣分，我們會因此擁有對方百分之百毫無保留的信任。然而，面對這樣毫無保留的信任，我們的起心動念會決定自己到底是一個什麼樣的人。

所以，當我們進入無數人的生命之中、活在無數人心中，這並不是什麼功成名就，更不是膚淺的勝利，而是命中注定的責任，也是我們生命的指引與道路。

後來我遵循了內心一個小小的、善的起心動念，邀請麗寶文化藝術基金會吳秋賢執行長與正遠保險經紀人朱水源董事長，加上育鳳的好朋友——無我茶禪餐廳的老闆夫婦陳建草和沈家足，一起圓滿了這件好事：我們決定讓聖功女中成為除了我的母校三重高中外，唯一同時擁有我六本著作共讀書箱的學校，每箱四十本，一個班一個班輪流閱讀，讓現在與未來的每個聖功學生都能讀到這六本書。

徵詢過捐贈人的同意後，我們決定在書箱外，捐贈人的名字寫得小小的，而把「張雅惠老師紀念書箱」幾個字寫得大大的。

這是一個好緣分，我們一起完成了這件好事。我也承諾以後只要聖功女中邀請我，我會盡己所能去跟同學們分享。

在聖功女中為張雅惠老師舉辦的追思會上，張媽媽出席了。

鄭校長上臺致詞，分享了雅惠老師溫、良、恭、儉、讓的德行，也提到了雅惠老師六、七年前曾向她表示要出家，但因為家庭經濟狀況，而繼續與學校簽約。鄭校長語氣哽咽地說：「雅惠眞的是一個很好、很好的老師……」

張媽媽後來專程到現場聽我演講。當聽到我分享「子女給父母最好的禮物，是榮耀」這句話時，她熱淚盈眶地告訴我，這句話讓她想起這麼多人感念雅惠的好，讓她很欣慰，也很引以爲傲。

張媽媽對育鳳說：「今天是端午節，要拜祖先，不知道雅惠有沒有回家？但前幾天我有夢到雅惠拿著一本書在天佛院上課，還跟我說了很多話，只是我睡醒後就忘了。但這個夢讓我很安心，知道現在雅惠過得很好……」

身爲作家，
已經不再是我一個人的事

每隔一小段時間，我就要趁行程的空檔，到出版社幫大量團購我的著作的讀者簽書。

十幾年來，這已經是我很習慣的行程了。

雖然每次都要耗費我少則半天、多則一整天的時間，而且有沒有簽名，我能領到的版稅都一樣，但我很珍惜能夠一本一本幫讀者用心題上毛筆字簽名的緣分。

因爲我知道，在我來說只是辛苦一些，但對於收到這本書的讀者而言，卻有著很不一樣的意義與力量。

像這樣與讀者「支持與被支持」的生命連結，對我來說，是珍貴、難得的溫暖緣分。

所以十幾年來，就在這樣手痠心卻暖

的過程中，完成了數以百計、千計、萬計的簽名書。

讀者長年的支持，讓我成為長銷作家

這一天，我如常來到出版社，準備簽書。

出版社同仁親自幫我把一落一落的書從紙箱中搬出，堆疊、擺放在大大的簽書桌上，熟練地翻開書封、折好，排成一橫列，好讓我開始一本一本慢慢地用小楷毛筆簽上名。

平常簽書時會說說笑笑、談天說地的同仁，今天話少了些。不是心情不好，而是有點開心、興奮，卻又不好直接說出口的感覺。

就好像一個投手默默投了七局，目前爲止沒有被擊出任何安打，沒有投出任何四壞球保送，也就是沒有讓任何人上到壘包。這時，所有隊友都會很有默契地不跟投手說話，因爲，他正在締造傳說中的無安打比賽。

就這樣一直簽、一直簽，簽了三個多小時後，工作即將結束，但始終覺得她好像有什麼話沒說出口，最後她還是開口了。

「老師，我要跟您講一個好消息。老師之前的五本著作，多年來持續累積再刷，幾乎每一本都破萬本了，包含剛出版的《積善》也在這個月突破一萬本，而且六本著作的總印量已經累積來到九萬八千本。」

出版界的暢銷作家，分爲短銷型、長銷型，其中又以長銷型作家最難達成，因爲這代表這個作家的著作會超越一時的流行，跨年度、長期持續銷售。

我因爲讀者長年來的支持、推薦、分享，逐漸被出版社定位爲所謂的長銷型作家。

而不管短銷型或長銷型，都有一個很難達成的里程碑，就是所有著作的累積銷售量達到十萬本。

十萬本，代表的不只是版稅收入，而是一種累積的價值與影響力，更是對一位作家的肯定。

「再兩千本，系列作就突破十萬冊了！只是目前正處於疫情警戒中，各種活動和書市都受到很大的影響，再刷兩千本很不簡單，但我們一起加油！」她興奮的語氣中，也知道這是個挑戰。

她說的沒有錯。疫情緊張的時候，學校、公司團體的活動常常延期；三級警戒開始之後，更是法定禁止群聚，連餐廳都停止內用，所有演講活動當然也都取消了。

剛開始是發布兩個星期的三級警戒，期限到了又延兩個星期，再延兩個星期，人們無法想像什麼時候會結束。

我不是所謂的知名網紅，我是透過一場一場的現場演講分享，讓讀者認識我，進而認識我的著作並團購。演講活動全部取消，對我的書的銷售量肯定會造成窒息般的影響。

知道系列作即將突破十萬本，我雖然很開心，也知道挑戰很大，但多年來的生命經驗讓我知道自己應該做什麼。「沒關係，我們慢慢來，專心做內心覺得應該做的事就好。現在最重要、應該做的，就是把書一本一本用心簽好，送到每一個等待的讀者手上。」

我繼續埋頭簽書。過了一會兒，樂天的她突然綻開笑容說：「對了，老師，跟您回報。幾個星期前，我們寄送出去的臺南聖功女中校園共讀書箱，學校這兩天就會將感謝狀寄給支持這個活動的麗寶文化藝術基金會和正遠保險經紀人公司。不過，預計舉辦的『張雅惠老師紀念書箱』捐贈儀式，也因爲疫情考量，暫時延期。」

我的內心閃現一絲失落的情緒。

隨著文字影響力而來的責任

簽完書，搭捷運回家的路上，我思索著，兩千本書耶，加上疫情影響，眞的不是一件很容易的事。

但很玄妙的是，在內心深處，我並沒有感受到恐懼。我明白，一切都會有最好的安排。

這麼多年來，我只是寫著一篇篇的文章、講著一場場的演講，專心做內心覺得應該做的事，如此而已。我相信的不是行銷手段，而是積善那無形、深遠的正向力量。

這件事沒有停留在我心頭太久，因爲我不知道可以做些什麼，也知道不能做些什麼。每次爲了自己的利益想要做些什麼的時候，總是不如所願，沒有想像中順利，有時還會有反效果。

多年來一次次的生命經驗讓我慢慢體悟，每當遭逢這類不確定或艱難的逆境時，越是不爲自己謀求些什麼，越是不分心、老實做事，專心做內心覺得應該做的事，最後往往會找到出路，會有難以言喻、不可思議的好緣分。

這不只是一種精神修練，更是一種從眞實生命閱歷中體悟到的信仰。

就這樣過了三天，我接到一通電話。

「峰源，我收到聖功女中的感謝狀了。謝謝你讓我們參與了這樣一件好事，眞的很感動。」電話那頭是麗寶文化藝術基金會執行長吳秋賢女士。

「太好了，謝謝秋賢姊。這眞的是一個好緣分，我們一起完成了一件好事。」

「峰源，如果未來還有類似的機會，一定要讓我知道，我們會幫忙。」

「沒問題，一定會的。之前麗寶基金會已經認捐的十箱《年輕，不打安全牌》共讀書箱，我也會幫它們找到有緣的好學校，讓更多孩子可以讀到這本好書。」

「對了，峰源，不然這樣，你還有其他五本著作，我們基金會也先各捐十箱。你算一算總共多少錢，再傳給我。」

通話結束後，我默默打開手機的計算機，算著：每個共讀書箱裡有四十本書，五本著作各十箱，那就是四十乘上五，再乘上十，等於……兩千本!!

看著手機螢幕上的數字，我足足愣了好久，說不出話來。

就這樣，麗寶文化藝術基金會一口氣捐贈了五十個共讀書箱，共兩千本書。

足足兩千本啊！剛剛好兩千本啊！不多也不少！

出版社收到正式團購單時，據說，整個團隊都興奮極了。尤其因爲深知來龍去脈，對這份心意的感動情緒，他們形容就像電流般暖過全身！

盈滿著不可置信的巧合、難以言喻的正向力量，就這樣，我成爲了所謂十萬銷售量等級的暢銷作家。
我心裡雖然很開心，但更多的是感受到某種無以言說的責任，所以顯得有些淡然，因爲我知道自己背負了許多人的信任。
十幾年前剛開始寫作時，我會很在意銷售量，緊盯著每一次的再刷，想要知道所謂暢銷作家的門檻是賣幾本，想要知道其他暢銷作家的銷售量，想要一較高下。
但隨著生命中出現一個個有緣與我相遇的人，他們的故事、與我之間的生命連結，尤其是看到他們給我的回饋，訴說我的文字帶給他們的影響、力量和改變，這一切慢慢轉化了我的心境。
我不再緊抓著銷售數字，也不再想和任何人比較，因爲我明白，任何一個購買我的書的讀者都不只是一個數字，而是一個活生生的人，一個無條件信任我、支持我的人。我們彼此的生命緊緊地、溫暖地連結著，是這世上最難得的緣分。
這讓我慢慢體會到自己的平凡，或者應該說，慢慢地趨近平凡，慢慢地放下那些無謂的外在掌聲、私利、欲望，慢慢地成爲一個活在眞實生命之中的平凡人。
我深刻感受到，身爲作家，已經不再是我一個人的事，已經不再是我能不能成爲所謂的暢銷作家而已。我感受到自己的存在本身，對無數有緣與我相遇的人充滿意義，我的存在能夠幫助、影響無數人，帶給無數人力量。

過去十幾年來的我、今天的我，以及未來數十年的我，依舊只會不分心、老實做事，一篇文章一篇文章地寫著、一場演講一場演講地講著，專心做我內心覺得應該做的事，如此而已。

有錢沒錢，
我們都只是充滿煩惱的平凡人

這世上絕大多數的人都必須爲了生活而拚命工作賺錢，所以人們會假設只要擁有很多錢就一定會快樂。

哪怕很多人說過，金錢無法保證帶來幸福，也只覺得那是一種站著說話不腰疼的風涼話。

但，我眞的認識不少擁有一般人難以想像的財富的人，其實過得並沒有我們想像的那麼開心。

無法決定自己人生的富二代

很多年前，身爲大型貿易公司第二代的宗廷大哥曾經很認眞地跟我說：「峰源，我眞的很羨慕你。」

「羨慕我？」坐在宗廷大哥兩百多坪

的頂樓豪宅家中、超過三百萬沙發上的我，驚訝地看著他。

「是啊，因爲你一輩子擁有的東西都是靠自己拚來的，都是自己的，都能自己決定自己的人生。」宗廷大哥臉上那無奈、了無生氣的表情，我到現在記憶猶新，雖然當時二十幾歲的我並沒有想明白。

宗廷大哥一畢業就在家族的貿易公司上班，從報關小弟做起，一晃眼，三十年過去了。爸爸雖然還沒交棒，但幾乎都已經是他在處理公司所有日常營運了。

跟我說這段話時，他剛完結一單高達三百五十萬美元的出口貿易。三百五十萬美元啊……

但其實，宗廷大哥眞正的興趣是成爲美食作家，想要記錄世界各地的美食，出版成書。

無論我去到臺灣任何縣市、鄉鎮，甚至是日本、中國各城市，宗廷大哥都可以立刻告訴我那個地方有什麼隱藏版的美食，例如火車站對面巷子拐進去第三間、哪家店才是眞正在地人吃的老店等等。

幾年前，宗廷大哥的父親往生了。他父親直到生命的最終，依舊在拚搏龐大的事業。

他正式接班了，從總經理成爲董事長，坐在數十年來他父親坐的那張兩公尺寬、頂級金絲楠木的辦公桌前，簽著永遠簽不完的公文，開著開不完的會議，跑著跑不完的應酬攤，喝著喝不完的酒。一眨眼，他六十歲了，依舊在拚搏龐大的事業⋯⋯

「峰源，我眞的很羨慕你。你能夠決定自己的人生。」十幾年來，宗廷大哥一直講著同樣的話，到今天依然如此。

＊＊＊

在臉書私訊中，我收到了君澤、可晴夫婦傳來的訊息。

君澤從小生長在一個很富裕的家庭，爸爸從事傳產模具事業，除了本業很賺錢外，模具廠土地價値幾十年來的飆漲，更讓他們賺到驚人的財富。

君澤從小的夢想是成為建築師，但大學畢業、到美國拿到學位後，就被父親叫回臺灣的家族企業上班；幾年後，被派往中國大陸的家族模具廠擔任高階主管。

他對模具事業一點點興趣都沒有，何況是埋首在數萬坪大、擁有數千名員工的擁擠工廠裡。

一轉眼，君澤已經四十六歲了。將近二十年的職場生活，幾乎沒有帶給他任何快樂。

他年輕時很有籃球天賦，曾經也想成爲職業籃球員；他跟一般男人一樣愛車，更愛職業賽車，曾經也想去考正式的職業賽車手資格。他很小就開始接受接班人訓練，高中、大學時期從未跟同學好好玩過，沒有感受過青春年少的活力與輕狂，就這樣來到了四十六歲的中年，一切都回不去，也無法重來了……

縱使擁有極爲富裕的物質生活，有個善良賢淑的老婆可晴，但在龐大的事業經營壓力下，加上對模具事業根本一點興趣都沒有，所以君澤一直很不快樂。

夫妻倆雖然感情很好，但對於君澤的生命困境，可晴也找不到著力點，幫不上忙。

或許是在這樣的負面情緒籠罩下，結婚超過十七年的兩人始終生不出孩子。做了十四次試管、花了難以計數的金錢，依舊沒有孩子。這也成爲他們兩人心中很大的缺憾，更是一種壓力，因爲，君澤是獨生子……

可晴在寫給我的私訊提到，君澤無意中看到我接受中視《改變的起點》這個節目的專訪，看完後很受激勵、很感動。他說我雖然遇到很多坎坷，但一直活得很有意義、很有價值。

他們開始追蹤我的臉書，並私訊給我，想要購買我全部著作的簽名書。

就這樣，我們結緣認識了，並一直保持聯繫。

而在讀完我所有的作品後，君澤寫了一段很長的訊息給我，感謝我的書給他帶來溫暖與力量。

後來得知《年輕，不打安全牌》的校園共讀書箱活動，君澤與可晴便私訊給我，想要捐贈共讀書箱，參與這件好事。

他們夫妻希望我可以幫忙找到鄉下的學校，讓更多鄉下孩子讀到這本好書。

過了一段時間，因著我受邀到學校演講的緣分，我幫他們找到了書箱的家，也圓滿了這個捐贈活動。

當君澤與可晴收到學校寄給他們的感謝狀、書箱照片，以及孩子們在閱讀《年輕，不打安全牌》的實況照片時，非常開心。可晴私訊告訴我，她很久沒有看到君澤這麼開心了。不是大笑那種開心，是一整天都帶著微笑的那種開心。

有了這次的經驗後，君澤與可晴陸陸續續捐了一箱又一箱的《年輕，不打安全牌》給很多偏鄉學校。而君澤透過一次次感受著、蓄積著淺淺卻長久的幸福快樂，生命也在不自覺中有了正向轉化。

人在過度關注自我時，往往會感受到痛苦，越關注越痛苦，卻經常在轉移生命視角、幫助他人時，意外地感受到某種難以言喻的幸福感。這不是功成名就的興奮，而是觸碰到、體會到自我存在的價值與意義。

後來，我又接到可晴的私訊。她告訴我一個天大的好消息：他們生了一對雙胞胎女兒，在結婚十九年、經歷十八次試管之後……

所以在二〇二二年五月二十日這個浪漫的好日子，他們夫妻想要一口氣捐贈十一箱《年輕，不打安全牌》給偏鄉學校，當作雙胞胎女兒在當月十一日出生的紀念，當作送給無數學生的彌月禮物。

聽到這個好消息，我也很爲他們開心，因爲我知道十九年來面對家族傳承壓力的煎熬，絕非一般人可以想像。

而當他們第一時間想到的是捐贈共讀書箱幫助別人，代表君澤的心境已經慢慢有了正向轉化，慢慢看見並感恩生命中早已擁有的、平凡簡單的幸福快樂。

對我而言，這也是一次很特別的體驗，因爲我從沒想過，原來，我的著作可以當作給人祝福的彌月禮物。這也是一個好緣分，一件好事。

看到這樣的君澤，抱著懷裡喝奶的女兒，可晴的心也慢慢放寬了、溫暖了。

聽說爺爺奶奶有了這對雙胞胎孫女後，大幅度轉移了注意力，變得柔和許多，君澤的壓力也減輕了不少，心也就更穩定了。

在幫助他人中找到自我生命的意義與力量

沒錢人的煩惱，往往是用錢可以解決的；有錢人的煩惱，卻往往是無法用錢解決的。在我心裡，無論有錢沒錢，我們都只是充滿煩惱的平凡人。

落土八字命，每個人無法決定自己的出生，貧困環境長大的孩子與富裕環境長大的孩子，背負的生命責任截然不同。

窮人家的孩子需要努力打拚求生存，承擔家計，希望翻轉家族貧窮的命運，這是很明確的生命責任。

有錢人家孩子的生命責任卻是隱而難見的，如果窮極一生只在物質欲望中浮沉，很容易空虛、痲痺、揮霍、放蕩地度過一生，會有無數的副作用。只有當他能夠洞察擁有的一切不是理所當然，是上天賦予的責任，並試著超越自我，去幫助有緣相遇的人時，才能感受到自我生命的意義與力量，因爲他履行了那玄妙隱微的責任。

某個冬日的凌晨一點多，室外氣溫只有十一度，我陪心情鬱悶的宗廷大哥散步。兩個人從光復北路、市民大道口一路走著走著，竟然不知不覺走到了臺北車站……

記得當時我跟他說：「無論你這輩子賺再多錢，別人都會覺得你是富二代，那是你爸爸留給你的，所以你一輩子都不可能在事業上超越你父親；但在公益慈善領域，你卻可以建立自己的事業，遠遠超越你父親。或許這就是你這輩子的生命責任。」

宗廷大哥靜靜地走著，若有所思……

過沒多久，他成立了自己的慈善基金會，專注於捐助警察和消防員頂級保護裝備，還有幫助照顧不幸公傷或罹難的警察和消防員的家屬，以及全臺各地清寒貧困或需要急難救助的家庭。

讓他更開心的是，他正籌畫著要將故鄉彰化二林在地美食小吃的故事一個一個寫出來，並準備出版成書，讓更多人知道二林是個好地方，也期盼對店家的生意有所幫助。

宗廷大哥的酒少喝了很多，陪伴嫂子到處探索美食的時間多了很多。更多的時間是兩夫妻一起從事各種慈善公益活動，感覺他找到了自己眞正的主業，笑容也多了起來。

曾經有作家私下問過我，爲什麼我的著作可以這麼暢銷、這麼長銷？有什麼高明的行銷策略嗎？

這問題還眞是難倒我了，因爲，我眞的沒有什麼行銷策略。我不懂什麼關鍵字、數據行銷、觸及率技術，只是老實地一篇文章、一篇文章地寫著，一場演講、一場演講地講著。

我只是不分心，老實做事，專心做我內心覺得應該做的事。我知道這是我的生命責任，我的人生正途。

而當別人知道我們一直在做一件對的事情、好的事情時，他們會持續默默地關注我們，等待適當的緣分到來，伸出援手幫我們一把。

因爲他們知道，幫助我們等於是透過我們去幫助更多人。這是善的力量的感染、匯聚、傳遞，會讓我們彼此的生命都充滿價值與意義。

專心做內心覺得應該做的事，是我唯一會的一招。就是這麼簡單、不可思議，簡單到不可思議。

讓生命中一個又一個小小的善緣，未完待續

收到了一張《年輕，不打安全牌》共讀書箱捐贈活動的照片。

有人捐贈書箱時，通常學校會拍攝學行共讀書箱活動的照片給我，好讓我轉寄給捐贈人，讓他們知道書箱有了自己的家。

這本來是很尋常的流程，但今天這張照片吸引了我的目光。

照片裡，夏德清校長與八個孩子合照。

我好奇地問校長：「爲什麼專程挑這八個孩子合照？」

「報告許老師，這八個孩子就是我們全校的學生了。」德清校長答道。

「全校國一到國三就八個孩子!?」

「是啊！七年級四個、八年級兩個、

九年級兩個。今年六月會畢業兩個，而九月的七年級新生只剩一個，所以新學年，全校學生就只剩七個。」

「那有幾個老師？」

「我們總共有十個老師。」

這是澎湖縣望安鄉的將澳國中，位於將軍澳島，是一所在離島中的離島、偏鄉中的偏鄉的國中。

離島教師的內心掙扎

將軍澳島因爲明朝末年鄭成功的部下李胤、李襲兩位將軍在此駐守而得名，島上西側還有一間李府將軍廟。

從臺北松山機場搭飛機抵達澎湖縣馬公市後，要坐大約一個小時的船到望安，然後換船再搭十五分鐘左右，就可以抵達將軍澳島上的這所離島中的離島學校。

德清校長是澎湖在地人，老家在七美鄉，已經結婚，有兩個孩子，七歲的女兒和兩歲的兒子。老婆與孩子住在馬公，父母則住在七美的老家。

住臺灣本島的人聽到這樣的描述，可能沒什麼特別的感覺，我就來跟大家解說一下德清校長的日常。

星期一到五待在將軍澳的學校裡，星期五下午請半天假，從將軍澳搭船到望安，然後換船，從望安搭一個小時的船回到馬公看老婆小孩；星期一上午再請半天假，從馬公搭船到望安，再換船到將軍澳。

如果還要返家看望父母親，就要從馬公搭兩個小時的船到七美，同樣都要在星期五和星期一各請半天假……

從地圖上看，馬公在最北邊，望安在中間，需要一個小時的船程；將軍澳在望安的右邊，船程十五分鐘；七美則在最南邊，從馬公過去，搭船需要兩個小時，從望安過去則需要一個小時。

光看地圖，我腿都軟了，因爲我很不喜歡搭船。那種隨波震盪的感覺眞的很不好，風浪大一些時，暈眩想吐的感覺更是讓人害怕。所以我出門旅遊，能不搭船就不搭船。

德清校長告訴我，過了中秋節，東北季風開始吹起時，那個風浪之大，連他們在地人也受不了，更有一定的危險性。風浪太大、風險太高時，交通船甚至會直接停駛，那就好幾個星期見不到家人了，因爲只要錯過星期五，六、日就不可能回家了，否則只會把時間全部花在來回搭船。這裡的船班是有限的，不像臺北捷運，三分鐘一班。

但，這樣爲了見家人而搭船奔波的辛勞，卻是每一個偏鄉離島老師的日常；如果老師是臺灣本島人，還要加上搭飛機的昂貴費用與航班往返……

換作是我們，願意嗎？說實話，我自己也很難做到。我更願意待在舒服的城市裡，偶爾帶家人到澎湖、望安、將軍澳、七美度假就好。

或許有人會說，德清校長是澎湖在地人，應該本來就很適應、很喜歡這樣的生活吧？

德清校長是在臺北讀書，從大學、研究所、實習到擔任代課老師，總共在臺北待了超過十年，早已習慣臺北的城市生活。

跟你我一樣，他每天出門習慣搭捷運，住處樓下走沒幾步路就是便利商店，假日約女朋友去東區逛街、到西門町看電影，隨處都是美食餐廳。

「剛考回澎湖七美國中時，沒多久就想離開了，因爲在臺北待了十年多，從大學到出社會的朋友都在臺北，連女朋友也在臺北……爲了女朋友，我告訴父母親，我兩年後就要申請調回臺北。」

結果，回澎湖不到一年，女朋友就跟他提分手了。

這是很容易理解的。男朋友在澎湖教書，多久能見一次？每次見面都要搭飛機、搭船？到了適婚年齡，難道眞的願意嫁到離島澎湖待一輩子嗎？

德清校長雖然是個好人，也沒帥到這麼有吸引力吧……

當時的他陷入人生的低潮，更多的是對留在澎湖教書的猶豫。面對自己一輩子只能困在離島的人生，他有著強烈的掙扎。

這樣行屍走肉的日子過了好幾個月後，在家人的鼓勵、兒時兄弟們的話療，以及同事和學生的陪伴下，德清校長慢慢走了出來，接受了，想通了……

「我父親當了一輩子漁夫，母親經營雜貨店，他們鼓勵我好好當一個老師，最好可以回到自己的家鄉幫助更多同鄉的孩子，讓他們長大後可以成爲一個有用的人。

「我們是很傳統的家庭，父母親的話對我影響很大，加上我自己也是離島的小孩，從小在離島長大，內心很自然有一份對在地的情感。既然跟女朋友分手了，我毅然決然定下心好好教書，好好教育跟我一樣出身偏鄉的孩子，還有照顧逐漸年邁的父母。」

不過，人生就是很難說，緣分也是。

德清校長後來認識了現在的老婆。她同樣出身澎湖，也是一名教師。

德清校長慢慢適應了偏鄉的教學生活。「其實，我很喜歡當老師。跟學生互動的過程眞是有苦有樂，但大多數時間是快樂比較多。

「只是，離島的孩子普遍成績都比較不好，單親家庭、隔代教養、中低收入的困難更多。雖然孩子們很樸實，但外在環境和經濟條件的弱勢，很容易讓他們走偏。所以在教學上，老師的負擔更沉重，必須花大量時間在生活常規和品格教育上。

「因此，看著孩子從不懂事到逐漸變得成熟，至少沒有輟學、沒有走偏，我也會很欣慰、很有成就感。教了這麼多年，很多孩子都長大了，看到他們成爲有正當職業、對社會有用的人，那種感覺眞的很幸福。」

幾年後，德清校長三十七歲考上校長，三十九歲正式分發成爲校長，將澳國中就是他任職的第一所學校。一個不到四十歲的菜鳥校長，管理著這所離島中的離島學校。

將澳國中的老師，有的是被分發到這裡，有的是因爲父母在老家所以從臺灣調回來，有的是公費生必須回鄉服務，有的是代課老師聯招考試進來的，每個老師對於來到這麼偏遠的學校各有不同的想法、期待，當然更多的是像當初德清校長一樣的掙扎。

德清校長花了難以想像的心力、吃了無數的苦頭，學著領導這所學校。除了要教育好學生，更要照顧好老師的身心，因爲一不小心，老師就落跑了……

好在因爲有同爲過來人的經驗，加上與澎湖在地人熱情又善良的連結，德清校長的努力慢慢有了成效。

二〇二二年，八年級的陳佳欣、七年級的陳佳怡和陳玉婷，三人同時進入澎湖縣作文比賽前二十名的決賽；八年級的陳佳欣和俞信安獲得澎湖縣數學科科展第一名；陳佳怡獲得澎湖縣跳遠第二名；陳柏智獲得標槍第四名、鉛球第五名；俞信安獲得一千五百公尺第六名；葉沅豪、許振傑、許岱瑋和俞信安獲得一千六百公尺接力第八名……不要覺得爲什麼名字一直重複，因爲將澳國中全校就八個學生，怎麼湊都是這些孩子出賽，卻都能獲得全縣的好名次，眞的非常難得。

二〇二二年六月的畢業典禮，九年級有兩名學生要畢業——振傑與柏智。跟一般學校不同，將澳國中的畢業紀念冊不是每個人一張大頭照，以及兩、三張生活照而已，而是厚厚一本，記錄著振傑與柏智從國一入學的第一天到國三畢業的所有校園活動、生活點滴，是一本專屬於他們兩人的畢業紀念冊。

將澳國中的老師都是住校、共餐，一天二十四小時裡，有超過十二小時是與所有孩子一起生活，連三餐都在一起。這種互動、交情已經超越了單純的師生關係，而是像家人一樣的生命連結了。

「有開始，才會有結束；有結束，才有新的開始。二〇一九年八月，振傑和柏智怯生生踏入國中校園，成爲將澳國中大家庭的一分子。三年一晃而過，但是累積的點點滴滴在老師們的電腦中強占了不少容量（數不清的照片和影片），更別說心裡了。感謝本校美術教師呂宜芳老師將畢業班三年來的相片整理成冊，而有了這本精美的追風少年畢業紀念冊。期盼這本畢業紀念冊能在未來的某一天，被你們翻閱，給你們力量，讓你們回憶起過往趣事，還有豐富的國中三年。最後一篇屬於畢業生的文章，最後一聲再見。」將澳國中詹蕣瑗老師的臉書這樣寫著。

支撐著無數偏鄉教師的精神力量

二〇二一年，我接受澎湖佛光山海天佛剎的邀請，帶著老婆、虎妞和心心一起到澎湖演講兼旅遊。

雖然我沒見過德清校長，但他是我多年的讀者，當天很早就抵達演講會場，我也因此有緣認識了他。

那一天還有我老婆的學長、澎湖在地人凱弘牙醫師，以及馬公國小的文瑞校長夫婦，和一整桌非常熱情的澎湖朋友，幾乎都是老師。我們一起品嘗澎湖最棒的海鮮，酒也喝到剛剛好地醉。

大家聊起離島教育資源的匱乏、離島教師的甘苦談，也聊到推動離島學校閱讀風氣的想法。

我深刻感受到他們對離島教育的熱情、執著、奉獻，敬佩不已。雖然酒喝了不少，但我內心依舊有了一個小小的起心動念。

回到臺北後，我邀請臺大學姊、知名主播哈遠儀捐贈《年輕，不打安全牌》共讀書箱到澎湖，給馬公國小和將澳國中兩所學校。

德清校長收到贈書後，立刻召集全校同學拍照，並將後續推動閱讀的照片回饋給我。

我只知道離島學校的學生可能比較少，但沒想到將澳國中眞的那麼少，全校只有八個孩子。收到照片時，我驚訝了好一會兒。

這世上沒有絕對的好或絕對的壞，沒有至陰或至陽，都是同時包含陰與陽的。我們也只是很平凡的人，內心沒有絕對的善或絕對的惡，都是同時包含自私自利與無私利他的念頭，就像太極陰中有陽、陽中有陰。

德清校長心裡有著不想到偏鄉教書的念頭，當然也有想要回饋家鄉教育的想法，這是很自然的，因爲我們都只是充滿煩惱的平凡人。

而**人與人之間一輩子的成就與境界的差異，就在於我們在內心同時夾雜著善惡念頭時，關注的是什麼、選擇是什麼、做的是什麼。**

不必因爲心裡有著自私自利、乃至邪惡的念頭而責怪自己，只要輕輕提醒自己，這是正常的、自然的；只要輕輕提醒自己，去關注深藏內心那些正面的、光明的、善的念頭，並大勇地付諸行動，我們就會迎來一個充滿意義與力量的人生。

或許不一定成大功、立大業，但因爲無愧、無畏，直面自心的脆弱，我們看得起一輩子努力的自己，這就是一件很了不起的事。

這也是支撐文瑞校長、德清校長，還有無數在離島或偏鄉服務的老師的精神力量。

我發自內心敬重他們，更希望透過我的存在，可以結合有緣人一起做些什麼，讓他們感受到被支持的力量。

而我自己光是知道離島中的離島、偏鄉中的偏鄉的孩子正在閱讀我的著作，傳遞著一點一滴的正向影響與力量，我每時每刻都能感受到溫暖與幸福。

除了二〇二一年拉著哈遠儀學姊，一起完成了馬公國小和將澳國中共讀書箱捐贈的小小善緣外，我內心又有了一個小小的、善的起心動念。

經過幾個月的募集、聯繫，我們終於一起做到了：二〇二二年六月，在生活家牙醫執行長佘翊帆、馬愷澤老師、富邦人壽高福通訊處的周秋金、李佩玲等四位共讀書箱捐贈人，還有文瑞校長和澎湖在地學校老師的幫忙下，我們一起完成了澎湖縣馬公市文澳國小、興仁國小、石泉國小、嵵裡國小、中興國小、文光國小、風櫃國小，西嶼鄉外垵國小，白沙鄉中屯國小、鳥嶼國小、後寮國小，以及湖西鄉湖西國小共十二所學校的《年輕，不打安全牌》共讀書箱捐贈。

這個小小的起心動念還未完待續，我與澎湖離島教育、閱讀推動的緣分，也未完待續。

二〇二二年十月，我又踏上充滿海味與人情味的澎湖，向全縣國中和國小超過八十名老師演講、分享。我生命中一個又一個小小的善緣，一直未完待續……

當老師願意把許峰源介紹給學生，是我的榮幸，更是責任

從律師轉型爲作家以來，我一直維持某種動態平衡的比例，保留大約一半的時間，到第一線校園與師生分享生命故事。因爲這是我內心覺得應該做的事。

最早是從我的母校三重高中開始。原則上，我都是跟高中生分享；後來稍有名氣，開始到大學演講；最近幾年有了勇氣，嘗試跟國中生分享。

不過，小學生一直是我不太敢挑戰的對象，畢竟我們家虎妞和心心也正在小學階段，我很難想像她們兩個願意乖乖坐在臺下聽我分享一、兩個小時。

因此，多年來無數國小的演講邀約，我都只能禮貌地婉拒，一場又一場，直到臺南市的佳里國小找上了我……

佳里國小是一所位於臺南市佳里區的小學，無論從高鐵嘉義站或臺南站，都還需要再搭五十分鐘左右的車。說偏鄉也不算偏鄉，佳里國小附近還滿熱鬧的，只是沒有高鐵，也沒有臺鐵。它是臺南市曾文溪以北最大的小學，目前約有一千三百名學生。

佳里國小來信邀請時，一開始，我一如往常地婉拒了。

後來陳春蓮老師向我說明：「我們佳里國小一直很用心推動閱讀教育，多年來已有一個很好的傳統，就是在畢業典禮舉行一場講座，邀請能夠帶給孩子正向影響力的名人來學校分享人生故事。希望透過名人講座讓孩子們體悟人生，並帶著這樣的祝福與勉勵，迎向自己的未來。」

這段話有點打動了我，但猶豫的情緒依舊占據我大部分的心……

接著，春蓮老師跟我說：「在康瑞中校長特別用心的推薦下，我們學校之前就已經向全校的孩子介紹過許峰源作家，作爲生命教育的典範對象。後來在老師您的臉書粉絲團有看到《年輕，不打安全牌》共讀書箱活動，我們馬上動員老師備妥申請資料。

「很開心在前一段時間，我們收到了京典衛浴公司捐贈的書箱。負責閱讀推廣的怡貞老師立刻著手設計閱讀理解策略學習單，並引導學生開始閱讀《年輕，不打安全牌》這本好書。

「所以，我們學校不是單純邀請許老師來。我們不只做過功課，還完成了全校的《年輕，不打安全牌》共讀書箱閱讀活動喔。請許老師考慮破例一下，來我們學校跟孩子們演講、分享。」

聽到《年輕，不打安全牌》共讀書箱已經在佳里國小了，他們還完成了閱讀推廣活動，讓我心裡浮現當初「書箱在哪裡，我就在哪裡」的承諾與心願。一個善的起心動念緩緩浮上我心頭。

這次我沒有立刻婉拒，而是回信告訴她，讓我認眞思考幾天。雖然我心裡願意去，再遠都願意，但也眞的很擔心國小的孩子，跟我女兒一樣大的孩子，可以聽懂我的生命故事，可以理解我分享的生命體悟嗎？

讓自己在生命中專注前進的力量

過了一個多星期，我再次收到春蓮老師的臉書私訊，徹底被感動了、動搖了。她傳給我的是，在完成《年輕，不打安全牌》共讀書箱活動後，上百個孩子回饋的讀書心得：

「許老師，您好：看完這本書之後，讓我非常感動。當我看到您的爸媽非常辛苦地在工作時，我才知道原來賺錢是多麼不容易。在書裡我有看到一句令我印象深刻的話：『人的一生中，最大的敵人是自己，只有心的強大，才是眞正的強大。』希望您可以到我們學校來。佳里國小吳雨錡敬上。」

「許老師，您好：看了『只有爆炸性的壓力，才有爆炸性的進步』，我學會了，現在的父母推廣不要給小孩太多壓力，可是許老師卻說：『適當的壓力，只是偷懶的開始！』我也要學習不要以適當的壓力當作藉口，要有爆炸性的壓力，才有好的結果。希望您可以來學校演講。佳里國小趙康宇敬上。」

「許老師，您好：我非常喜歡您寫的『懂得感恩的人，才值得培養』這個章節，主要是說做人應該要忠誠，我覺得很有道理。這篇文章也讓我了解，如果別人在生活上幫助你，你要懂得感恩。我很想知道更多的事情，希望有機會可以現場聽您演講。佳里國小白悅廷敬上。」

「許老師，您好：您寫在書中的每一句話都讓我刻骨銘心，最令我印象深刻的一句話是：『出社會後只有公開組比賽，不再有分齡賽。』這句話讓我知道，在這個社會無論你的年齡幾歲，都要與世界競賽，也讓我知道這世界有多麼競爭。眞的很想聽到您的演講。佳里國小洪明杉。」

「許老師，您好：自從看了您的書《年輕，不打安全牌》後，我的人生理念大受改變，書裡的許多名言更是讓我永生難忘。有朝一日，我也想成爲像您一樣的人生大哲學家，一一把他人內心的那個死結打開。另外，我還希望您能夠來我們學校演講，因爲我希望可以了解您更多的人生大道理，所以我眞心希望您能來。敬佩您的小讀者朱羽涵敬上。」

在震驚、驚喜和溫暖交雜的感動情緒中，我承諾了這場對國小畢業生的演講，時間就定在二〇二一年六月十五日佳里國小的畢業典禮。

但人算不如天算，二〇二一年五月，臺灣的新冠肺炎疫情急速升高，幾乎全臺都停課，佳里國小的這場演講也被迫取消，畢業典禮只能改爲線上舉行。

我雖然鬆了一口氣，但也覺得很可惜。人生很多事情本來就是在生澀、緊張、勇敢之中學習成長，我原本期待在這場演講中歷練、學習，提升自己，並且也能幫助孩子們，現在演講卻取消了。

春蓮老師傳訊息給我，向我表達全校師生的失望之情，並且提到在他們多位老師的討論下，想要向我提出一個不情之請：雖然因爲疫情取消演講，但他們想要拜託我寫下一段話，當作對六年級畢業生的祝福。

我爽快地答應了。

以下就是我的祝福話語。

雖然很多人說你們還只是孩子，但我不這麼認為，所以我是以對大人的期許，給予你們祝福。

未來你們真正的挑戰，不是考高中、考大學，而是能夠學習、歷練成為一個真正成熟的大人。

所謂的成熟，不是指身體的成長，會跑會跳，會自己吃飯、洗澡、穿衣服，也不是指知識的成長，懂得國文、英文、數學、社會、自然等科目，而是指你們心境的成熟。

很多人關注未來的十年，這世界會有什麼樣的變化，但我更關注的是，未來的十年這世界有什麼是不會變的。

那個不會變的，才是現在的我們應該用盡全部心力去努力的人生正途。

那麼，未來的十年、二十年，甚至我們的一輩子都不會變的，到底是什麼？

答案就是，**我們生而爲人的溫度**。

我們不是孤單一個人活在這個世界上，身旁的每一個人都是活生生的人，彼此之間都有著或深或淺的生命連結關係。看見、感受到這樣的生命真相，就是成熟。

就像生日，其實不是我們自己的節日，而是母親的受難日。

你們都上過健康教育，應該知道母親當初懷胎十個月生下我們的艱辛、風險與愛。

當大多數的同學都沉浸在畢業典禮的喜悅時，如果你們能夠反觀自心，去體悟父母親從你們出生到現在為止，一點一滴拉拔、養育你們的付出與犧牲，這就是成熟。

當我們感念父母的恩情時，心裡會湧現一股難以言喻的暖流，這是很自然的現象，因為我們都是活生生的人，內心都有著一顆充滿向善力量的太陽。

覺察、感受、省悟內心的太陽，是每個人一輩子最重要的事。當我們遵循內心太陽的暗示與指引，去做內心深處覺得應該做的事，就能找到命定的人生正途。

你們的父母不是天生就是父母，而是在你們出生那一刻，他們才成為所謂的父母。在那一瞬間，他們也變得成熟，因為，責任。

無論你們父母的職業是什麼、無論貧富貴賤，只要他們沒有逃避責任，盡力、用心地把你們扶養長大，哪怕跌跌撞撞，他們就是令人敬重的父母。

當大多數的同學心裡想著未來的很多夢想時，如果你們能夠想到這六年來，一個個老師對你們的教導、奉獻，而想要精進自我，在未來有所成就，榮耀師長，這就是成熟。

這世上，可以發自內心毫無保留地希望我們成功、希望我們幸福快樂的，只有兩種人，第一是父母，第二就是我們的老師。

如果說我從小跟別人有那麼一絲絲的不同，就在於我的生命視角。我的一生，從來不是為了自己一個人而戰。我知道自己是為了回報辛苦養育我長大的父母，為了榮耀每一個幫助過我的人而戰，這是我命中注定的責任。

在履行命中注定責任的過程中，我擁有了一種能夠在彷彿看不見未來的道路上專注前進的力量。

無論面對任何挑戰、壓力或逆境，我從不感到孤單，也從不失去盼望，因為我知道我不是為自己一個人而戰。

這樣的思維，造就了現在的我。

當我們真正看見別人對我們的付出，甚至犧牲，內心會自然湧現一股想要回報的感恩情緒，會希望自己的存在可以帶給他們幸福，會勇敢承擔這個命定的責任。這是很自然的現象，是我們內心太陽的閃耀，是我們生而為人的本質與溫度。

真正的成熟，不是去做自己喜歡做的事、熱愛做的事，而是能夠去做內心覺得應該做的事。

一個人的成熟，取決於肩膀上願意承載對多少人的責任。責任的承受程度，就代表一個人的成熟程度。

生而為人最重要的，是能夠超越對金錢與地位的追求，去聽從內心太陽的驅動與指引，去承擔超越自我的責任，去做內心深處覺得應該做的事。

祝願你們每一個人與所有家人都能擁有平凡簡單的幸福快樂。

祝願你們都能成為一個心存善念、願意為利益無數人而活的簡單的好人。

老師們用心將這段文字搭配了照片、音樂，製作成一段精美、感人的影片，在線上畢業典禮中播放，成爲一個驚喜與亮點。

過了好幾個月，疫情稍緩後，佳里國小的春蓮老師立刻再次聯繫我，跟我敲定二〇二二年六月十四日到佳里國小演講，與新一屆的畢業生分享，延續之前沒能完成的好緣分。

沒想到，二〇二二年四月臺灣新冠肺炎疫情大爆發，每天數萬人確診，全臺各地學校又紛紛停課了。

眞是一波三折啊……

後來，或許因爲臺灣人也慢慢適應與病毒共存的生活，雖然其他年級依舊停課中，佳里國小決定還是如期舉辦實體的畢業典禮。

我也鼓起勇氣搭乘高鐵南下，謹慎地戴著口罩，連麥克風套都自備。

春蓮老師手裡拿著好大一個《年輕，不打安全牌》的書封牌子，在高鐵站大廳迎接我。

前往學校的五十分鐘車程裡，春蓮老師生動地跟我描述，康瑞中校長是我的忠實讀者，不斷地跟各個年級的孩子分享我的生命故事。

到了佳里國小的大禮堂，看到巨幅的、手繪的我的畫像及著作封面海報，很驚喜、很開心。

我原本內心很忐忑，不知道國小六年級孩子的聽講品質如何，但進入會場後，這樣的疑慮就慢慢消逝了。

我發現所有學生都認識我，一個個有禮貌、興奮地叫著：「許老師好。」很多同學手上早就拿著我的書等待簽名。

演講開始前還有一個小插曲，原來佳里國小的李香慧老師是我臉書的長期潛水讀者，她知道我要來分享，就送我一個史奴比紀念不鏽鋼吸管杯當作禮物，附上一張卡片，上面寫著：「送給您黃澄澄的保溫杯，謝謝您將溫暖持續放送給大家。要繼續擔任我們的小太陽唷！」

香慧老師說：「老師您放輕鬆分享就好，同學及老師們都非常期待，會專心聆聽的。」來之前，我在臉書上提到自己的緊張情緒，有追蹤的讀者都知道，而香慧老師的鼓勵讓我的心情舒緩了不少。

根據往常在校園演講的經驗，前二十分鐘幾乎需要傾盡全力來控場，因爲學生很難眞正靜下來聽演講。但沒想到，佳里國小的學生，年僅六年級的孩子，竟然在我一開場就瞬間沉靜下來，而且全場一個半小時的演講，幾乎沒有任何雜音，聽講品質極高，遠遠勝過無數大學生。

雖然帶著口罩演講，呼吸換氣很辛苦，但我與佳里國小的畢業生和老師一起完成了一場好演講，圓滿了一個好緣分、一件好事。

謹慎對待每一場校園演講的緣分

前往高鐵站的路上，春蓮老師專程買了臺南最有名的丹丹漢堡及好幾大盒佳里水煎包讓我帶回臺北，非常豐盛，我足足吃了四餐。

在車上，春蓮老師非常好奇地問我，以我的知名度和令人羨慕的演講報酬，爲什麼還願意持續到全臺灣各地、到偏鄉和離島的學校演講？

在我的認知中，校園第一線的老師不單純是教導學生知識而已。他們不只是業師，更是人師，心中最重視、最在意的，是希望每一個孩子長大後都能成爲擁有良善品格的好人，成爲對社會有用的人。

所以，每個老師都會用最嚴格的標準，愼選可以成爲學生榜樣的典範人物。從某種層面來說，當老師介紹一個人給學生時，就是全然信任這個人的生命故事、人生觀和價值觀值得孩子們學習、跟隨。

這就是我看待校園演講的心態。

當一個老師、一所學校願意把許峰源這個人介紹給學生當作榜樣、典範時，是我人生中最大的榮幸。我非常嚴肅、謹愼地看待這樣的信任與緣分。

這無關利益、無關名氣，更沒有所謂功成名就的喜悅，我內心深處感受到的是一種難以言喻的生命責任，我命定的人生正途。

所以過去、今天、未來的許峰源，會前往每一所與我有緣的學校，與一個又一個、一屆又一屆的學生分享我的生命故事。

後來，佳里國小將《年輕，不打安全牌》的共讀書箱閱讀活動，以及學生們寫信邀請我到學校演講的故事，收錄於閱讀方案中，並報名參加閱讀磐石學校國小組的競選。

所謂的閱讀磐石學校，是教育部從全臺灣三千六百多所中小學，每年評選最多四十所學校獲獎，競爭非常非常激烈。

而佳里國小全體師生多年來致力於閱讀推廣，這樣的努力終於獲得肯定，於二〇二三年榮獲教育部閱讀磐石獎。

我也將這個好消息分享給當初捐贈共讀書箱的京典衛浴公司。

而因著這個緣分，麗寶文化藝術基金會也捐贈了《心的強大，才是眞正的強大》及《內心的太陽一直都在》兩個書箱給佳里國小，勉勵師生們持續推廣閱讀。

我也再次與佳里國小約定了隔年的演講。

書箱在哪裡，我就在哪裡，我只是做了內心覺得應該做的事。

微血管般的正向影響力雖不起眼，卻有著根本的重要性

「許老師，您好，我是您長期的讀者，我叫林韻潔，目前任職於連江縣政府社會局，想邀請您到我們連江縣政府演講。」

「連江縣!?是傳說中的馬祖嗎？」

「對的。我們想邀請您來跟我們南竿鄉的身心障礙者家庭分享生命故事，當然也會開放給一般民眾。身心障礙者的家庭照顧者很辛苦，很需要正向生命力量的鼓勵，所以我大力推薦您，也鼓起勇氣傳訊息邀請您。

「只是我們南竿是小地方，聽眾可能只有十幾位，然後只有公家規定的微薄講師費，不知道老師願不願意來？」我可以感受到韻潔有些不安、緊張。

大老遠搭飛機到我從未去過的馬祖演

講，聽眾只有十幾位啊……我內心閃現一絲絲掙扎、猶豫，但就是一瞬間而已，我抓住了那隱微的小小善念，應允了這場演講。

這是我第一次搭這麼小的飛機。前往馬祖的那天風很大，即將抵達前，我終於知道附近乘客手裡一直拿著透明塑膠袋的理由了……有人開始暈機、嘔吐，我撐著沒吐，抵達了。

頭昏腦脹的我，平安降落南竿機場。

「老師，我們馬祖入冬以後，東北季風很強勁，忘了提前告訴你。」到機場接我的韻潔有些不好意思地說。

嘴上說沒關係，但我頭昏昏、想吐的感覺持續了好一陣子。還好回到平地，呼吸到馬祖的清新空氣後，慢慢緩過勁來。

到了演講會場，來了快四十位聽眾，韻潔非常開心地跟我說：「這場演講我們非常重視，提前宣傳了很久，在漁港、菜市場、學校到處宣傳。我們這裡地方小，這樣的人數已經很多了喔。」

她笑得很開心，展露馬祖人淳樸的特質，也感染了我，讓我跟著開心了起來。

在這場演講中，我認識了一位臨時被邀來湊數的聽眾，叫作杰鈫。

這次平凡的相遇，開啓了我們之間深遠的好緣分。

不是源自宗教信仰，而是來自純粹善念的善行

杰釵的老公朝哥是專業漁民，眞的出海捕魚那種。他全身黝黑的膚色，以及木訥質樸、與大海搏鬥的堅毅特質，讓我留下很深的印象。

朝哥每天的作息配合潮水規律，基本上是天未亮的凌晨出海，捕魚回來後，就由杰釵接手賣魚。

除了南竿在地的餐廳外，杰釵夫婦的主要客群是臺灣的餐廳和饕客，因爲馬祖的漁獲品質非常高，尤其是野生的黃魚，完全是搶手貨，供不應求，價格非常好。

朝哥的漁船一靠岸，杰釵就要忙著下貨、送貨，主要是立刻打包送到機場，空運到臺灣。

聽起來好像很遠，但其實漁港到機場只要不到十分鐘的車程，加上空運五十分鐘，所以最快只要一個多小時就可以直送臺灣。

他們的生意好到有時朝哥船還沒靠岸，整船的漁獲已經全部賣完。因爲朝哥會在靠岸前打電話跟杰釵說今天捕到哪些魚，很會賣魚的杰釵幾通電話，漁獲就被搶購一空了。

然後，臺灣的饕客在一個多小時後，就能在松山機場領到馬祖直送的新鮮漁獲。

南竿鄉當地建地狹小、稀少，加上勞動力不足，所以每有建案要蓋房子，就必須從臺灣招聘建築工人到馬祖。

這讓建設公司的老闆有了一個痛點，就是工人吃飯、菸、飲料、檳榔的需求。每到中午放飯，工人一出工地，根本沒有吃的，交通也不方便，更重要的是，大老遠找到吃的再趕回來，會耽誤到工作時間。

除了吃飯，買菸、飲料、檳榔等工人的需求都有同樣的問題。

我們不能用臺灣本島的生活去想像二十多年前的馬祖，當初那裡剛解除軍事管制，什麼都沒有。

而聰明勤勞的杰釵發現這個機會，開始去申請菸酒、雜貨店的相關銷售資格，然後開始當起工地小蜜蜂。

所謂的工地小蜜蜂，就是在工地外擺個攤、撐個大陽傘，不畏寒暑、風雨，賣著各種便當、零食、菸、飲料、檳榔等。

因爲杰釵老實又勤快，所以慢慢贏得了建設公司老闆的信任。口碑相傳下，她幾乎包下整個南竿島所有建案的小蜜蜂業務，也開啓了繞著全島嗡嗡嗡不停送貨的生活（南竿就是一個島，有環島公路，開車繞一圈大約二十分鐘）。

後來甚至包下建築工地的煮飯業務，每天要煮二、三十個人吃的飯。在充實、忙碌的工作中，難得的是，杰釹還能抽出空來幫助別人。

因爲小蜜蜂的送貨工作，杰釹每天都要繞行整個南竿島十幾二十圈。每當路過衛生福利局醫院門口的公車站，看到就醫的老人家在等公車，她就會讓他們坐上車，把他們一個一個安全送回家。

剛開始老人家有些不好意思，但禁不起杰釹這個阿妹仔的熱情（馬祖人少，基本上彼此都熟識），加上馬祖夏天熱到人快蒸發、冬天冷到人快結凍的天氣，可以舒舒服服坐車回家，老人家其實都很開心。

雖然說是順路，但大家可以想像一下，一個個接上車、一個個送回家，一趟趟接接送送，這得耽誤多少送貨賺錢的時間啊？

但善良的杰釹樂此不疲。

此外，馬祖因爲人口結構超長壽、超高齡，所以有衛福局的社區關懷據點，早上會有車去家裡接老人家到關懷據點活動、下棋、遊戲、運動，傍晚再送老人家回去。而因爲煮飯是杰釹的超強技能，所以隔三差五、逢年過節，她都會特別煮一些好料的，或是把自己家捕撈的新鮮漁獲料理好，親自送到老人中心跟老人家分享。

每一次我到馬祖旅遊，杰釹都會一站一站帶著我去不同老人的家中探望，感覺每一個老爺爺、老奶奶都把杰釵當作自己的女兒或孫女。

而每一個到南竿打工的建築工人，一定會認識杰釵這個超級小蜜蜂，待的時間久了、認識深了，他們都跟杰釵變成好朋友。

很多時候，這些工人因為某些原因無法回臺灣過節，例如機票買不到、機場起濃霧關閉、留下來加班多賺點錢等，杰釵就會約這些工人朋友到家裡，好好煮一頓飯請大家吃；遇到過年，甚至會約大家到家裡圍爐吃年夜飯。

杰釵告訴我，其實建築工人的生活都不好過，很多人都有自己的困難，能幫忙的，她就盡量幫忙。

她每天都像蜜蜂一樣嗡嗡嗡，有時幫忙寄馬祖特產給工人在臺灣的家人，有時幫忙買便當到醫院探望因為工地意外而住院的工人，有時甚至會到監獄面會因案入監服刑的工人。

我問過杰釵為什麼願意做這麼多善事，她有些害羞靦腆，帶點傻氣地回答說：「這沒什麼啦，大家平常很照顧我的生意，感恩回饋一下是應該的啦。能幫的我就盡量幫，而且能夠幫上忙，我自己也很開心。」

南竿有一間香火鼎盛的媽祖廟，傳說當年媽祖林默娘的遺體就是漂流到南竿的海岸邊，漁民幫她就地立廟，祈求出海捕魚順利。這就是馬祖當地「浮屍立廟」的習俗，也是馬祖地名的由來。

杰釵帶我到這間媽祖廟參拜時，我發現她沒有跟著拜。原以爲她信仰基督教，後來聊天才發現，杰釵沒有特別的宗教信仰。

原來，她願意做這麼多善事，不是源自宗教信仰，而是純粹善良的心念啊！

南竿的福澳港附近有一塊二十二坪的畸零地，地主是一位老先生，有意出售。建商嫌棄那塊地太小，形狀也不夠好，不斷殺價。

杰釵與朝哥知道後，很誠懇地向老先生表達了購買的意願。

沒想到，老先生知道是杰釵想要買，竟然以十萬元賣給他們夫婦！

二十二坪的土地，是土地喔，十萬元新臺幣!!

這是眞實的事情啊……

原來，老先生根本就不缺錢，聽到杰釵夫婦想買地蓋自己的第一間房子，覺得有緣，就以這種不可思議的價格賣給他們，讓之前不斷殺價的建商很傻眼。

杰釵與朝哥把多年來辛苦攢下來的積蓄，全部拿出來蓋房子，蓋了四樓半。就這樣，杰釵、朝哥與兩個孩子終於有了自己的家。

房子蓋好後，無論是朝哥的捕魚事業或杰釵的小蜜蜂事業都越來越順利，賺到了一些錢，生活也越來越穩定。

多年後，一次偶然的緣分，一位風水師經過杰釵家，告訴她：「不要小看你家這塊小小的地，形狀跟畚箕一樣，會掃錢進來，是很好的財穴喔。」

好人果然會有好報啊。

無遠弗屆不斷傳遞的正向影響力

每一年，我都會帶全家人到馬祖旅遊，吃吃美食、見見老朋友，每次都是杰釵全程安排與接待。

此外，每隔一段時間，杰釵就會把朝哥捕獲的野生黃魚和其他的馬祖海鮮，空運直送到我家，塞滿整個冰箱。

在一場三重圖書館的演講中，我竟然見到了杰釵與她的孩子翊程！原來，杰釵爲了讓孩子聽到我的演講，專程從南竿飛到臺灣來，讓我驚奇開心不已。

翊程當時讀高中，從小就會幫忙父親捕魚的他跟朝哥一樣，木訥話不多，很能吃苦。有趣的是，他卻有著像知名演員吳慷仁一樣的俊秀臉龐。

互動幾次後，我對翊程留下很好的印象，開口邀請他加入我建立的法羽幫讀書會。現在他已經大學畢業，是個孝順、有能力的大人了。

有一次到馬祖，在杰釵家裡享用她的好料理時，她帶著笑容、神神祕祕地拿出一本筆記本給我看。

一翻開，我嚇了一跳，裡面密密麻麻寫著一篇又一篇短文，定睛一看，發現是我在臉書上寫的文章！

原來，杰釵把我在臉書粉絲團發表的短文，一篇一篇抄寫下來，用她習字多年的秀氣字體，足足抄寫了好幾百篇，讓我很驚喜、很感動。

後來，我每出版一本新書，都會親筆簽名，寄到南竿給杰釵與朝哥當作紀念。而杰釵每次都會自己再買好幾十本，送給馬祖的朋友。

有一天，杰釵跟我說，她在我的臉書看到「共讀書箱」的活動，也想捐贈書箱，讓馬祖的孩子也可以讀到我的好書。

善緣就這樣不斷持續著、擴散著……

我已經有好幾年不太應酬，不太有動力去認識、攀比、趨炎附勢什麼大人物了。我更願意用心對待、深入認識一個個有緣與我相遇的、像我一樣的小人物，尤其是願意支持我的讀者，無論貧富貴賤、高矮胖瘦、天涯海角。

經過一段時間的努力，杰釵眞的做到了。

我原以爲她只是要捐贈一個書箱給馬祖的一所學校，沒想到，她的意思是要讓整個馬祖四鄉五島所有學校的孩子都能讀到我的書！

她憑一己之力，完成了連江縣南竿鄉馬祖高中、介壽國中小、中正國中小、仁愛國小，北竿鄉塘岐國小、中山國中，莒光鄉敬恆國中小、東莒國小，以及東引鄉東引國中小，一共九所學校的共讀書箱捐贈。

這不只是捐錢買書這麼簡單，馬祖四鄉五島（南竿、北竿、東引、東莒、西莒）的學校彼此距離非常遙遠，光是從南竿坐船到東引，就要兩個半小時，我很難想像杰釵在這個過程中付出了多大的努力。

但，她眞的做到了，一如她多年行善的堅持與毅力。

杰釵事後還驕傲地告訴我，她第一筆捐贈書箱的錢，是來自有「地表最硬馬拉松」之稱的馬祖國際馬拉松賽的冠軍獎金喔。

我自己眞的從杰釵的生命故事中，得到很多啓發，學習到很多。

謝謝像杰釵這樣一個個平凡的小人物，讓我感受到無限的希望與力量。因爲你們的支持與存在，我的著作才能夠滲透到臺灣的各個角落，無論多麼山高水遠的偏鄉或離島，你們一點一滴發揮著微血管般的正向影響力。

微血管的末梢血液循環雖然不起眼，卻有著根本的重要性，尤其是對臺灣教育的未來。

我想像的願景、想要發揮的正向影響力，不是熱鬧的、喧嘩的、公關做派的，而是像這樣淡淡的、輕輕的，卻無遠弗屆地不斷傳遞下去。

謝謝杰釵，謝謝每一個支持我的你們，我們一起完成了一個個好緣分、一件件好事。

這讓我想起了，杰釵後來獲頒連江縣政府敬老楷模獎時，說的一句話：「我聽到了心聲告訴我，這個榮耀不是屬於我一人，而是屬於過去無數的人給我學習、行善的機會。我只是做了自己覺得應該做的事。」

善念、善行、善力量，是父母給子女最好的生命禮物

「許老師，您好，我想要捐贈一個共讀書箱給偏鄉的小學，當作我兒子考上心中理想大學的紀念與感恩心意。」子瑜姊私訊給我。

子瑜姊不只是我的讀者，也是我三姊非常要好的同事和朋友。

三姊是個國小老師，目前服務於新北市金山國小。她與子瑜姊曾一起在新北市的國小服務，因而成爲好友。

不因際遇影響幫助他人的信念

臺灣因爲教育改革的時代問題，產生很多擁有正式教師資格、卻一直沒有考到正式缺的老師，我三姊與子瑜姊都是。

三姊拚命考了十二年，足足十二年才

考上。不是能力不足，是僧多粥少，加上少子化的衝擊，缺額實在太少太少了，有時一整個新北市只有個位數的正式教師缺，有好幾年甚至一個缺都沒有……

子瑜姊就沒這麼幸運了。她當代課老師已經二十幾年，有正式教師資格，也考了十幾年，就是沒有考上正式缺。

然而，這並不影響子瑜姊成爲一個好老師。畢竟會不會考試跟教得好不好，本來就沒有直接、絕對的關聯。

在數以千計她帶過的孩子、學生家長，以及學校同事心中，子瑜姊一直是個好老師，甚至是最好的老師。

她自己平時生活簡樸，但遇到家境貧困的學生，她會當成自己的孩子一樣，資助學業上所需費用。有些孩子就算畢業了，她還是會在自己的能力範圍內，繼續資助他們。

有一次，遇到一個家境清寒的學生，因爲很有跑步天賦，入選體育班。子瑜姊爲了鼓勵這孩子，送了一雙Nike的運動鞋給他，這是他生平第一雙專業運動鞋。

在二十多年的教師職涯中，子瑜姊雖然不是正式教師，依舊會去參加各種研習活動，精進教學。此外，她還是閩南語演講的專家，不只訓練出很多得獎的孩子，自己也是常勝軍。

當年，子瑜姊與三姊一同赴考，結果三姊上榜了，子瑜姊卻落了榜。

善良的子瑜姊雖然有些失望難過，依舊很關心三姊，因爲她知道考上正式教師缺這件事，三姊也努力了十二年，落榜了十一次……

正式教師報到有個規定，就是必須在指定日期當天早上十點前完成，逾期不到，視同放棄。

子瑜姊知道我三姊有時會賴床，爲了避免發生因遲到而被取消資格的遺憾，她強制三姊前一天晚上入住她家，好讓他們夫婦隔天一早開車送三姊去報到。

隔天清晨五點多，子瑜姊就把三姊挖起床，然後出門。到學校後還不准三姊去買早餐，因爲她擔心，如果去買早餐回來的路上發生意外怎麼辦？所以她要三姊待在學校裡，然後請她老公去買早餐回來給三姊吃。

這一切都是爲了讓三姊能夠萬無一失地完成正式教師的報到程序。

三姊吃完早餐後，看看手錶，才不到七點……

後來他們三人就在報到教室門外足足坐了兩個多小時，第一個完成報到。

我們看來或許會覺得很誇張，但我們不是流浪教師，眞的很難體會那種落榜十幾二十次的感受。每一次的落榜，都是一整年的青春歲月啊……

所以，用全身心、全生命考到的正式教師資格，必然要用全身心、全生命去守護。

但更難得的是，善良的子瑜姊自己落榜了，卻能夠這樣惦記三姊、照顧三姊、保護三姊。這件事縱使已事過多年，三姊依舊感念在心，從未忘記。

後來爲了增加上榜機會，子瑜姊花了一整年去修習輔導老師資格，因爲輔導老師的正式缺必須要有相關研習資格才能報考，所以競爭比較沒那麼激烈。

過了幾年，迎來了新北市開輔導老師缺的機會。

子瑜姊順利通過第一關筆試。在當老師將近三十年、考正式教師考了十八年後，終於迎來了面試的機會；最重要的是，那一年的缺額爆量，只要通過第一關，口試的錄取率超過百分之七十五。十八年啊……終於等到了。

子瑜姊用盡全力、沒日沒夜地準備口試，教學演練更是練上數百次。

到了口試和試教當天，一切都非常順利，沒有發生失誤，口試老師還頻頻點頭讚許。

但是……

放榜那天，子瑜姊還是落榜了。這是她第十九次落榜，這時的她已經五十幾歲了。

後來透過私下了解，原來並非子瑜姊教得不夠好，而是她年紀太大了，一旦讓她當上正式教師，依法可以合併之前的代課年資，那教不到幾年，她就可以直接申請退休了。

站在教育當局的立場，很爲難，很難錄取一個五十幾歲的國小老師。

這次的落榜，子瑜姊反而沒有想像中難過，甚至想通、放下了某些事。

「或許我眞的沒有緣分成爲正式教師，但這不影響我熱愛教學這件事，不影響我愛孩子這件事，所以我依舊會好好珍惜、善待每一個孩子。只要我好好教育每個孩子，依舊可以對社會做出貢獻。」

直到現在，子瑜姊都是一個勤勤懇懇、盡職盡分的老師，是個備受學生、家長和同事尊重的好老師。

財富權勢無法傳家，唯有福德智慧可以

人生很多事情很難說，因爲人的際遇不是線性的，因與果也沒有那麼直觀、清晰，而是以一種遠超越我們頭腦能夠理解的方式運轉著。

我們所做的努力、所行的善，或許不必然會直接、等量、等價地回報到自己身

上；或許，我們的付出、奉獻和善行產生的正面力量，會反饋、庇蔭到家人身上。

這就是爲什麼《易經》說「積善之『家』，必有餘慶」，而不是「積善之『人』，必有餘慶」的深意。

善念、善行、善力量，不單是我們一個人的事，而是整個家，甚至是整個家族、整個社會的事情。

子瑜姊的兒子是個很懂事的孩子，雖然很努力讀書，但平時的考試成績並沒有特別頂尖。到了高三模擬考，也始終維持平平的表現。

不過，人生的事眞的很難說。學測當天，她兒子卻突然大爆發，靈感爆表、如有神助，不只徹底發揮平時累積的實力，甚至有超乎常人的好運氣，不少題在二選一的關鍵時刻都猜對，成爲一匹大黑馬。

後來他考上頂尖國立大學的會計系，這不只是他心中的第一志願，根本是不敢奢望的好學校。

子瑜姊好開心、好開心，甚至遠比自己考上正式教師還開心。

她告訴我，我的書她都有，特別是《積善》這本她反覆讀了好多次，讓她即使在低潮的黑暗時刻，都不放棄幫助別人的信念。

得知兒子考上好學校時，子瑜姊內心閃現了一個小小的善念，就是想要跟更多孩子分享這樣的福分與好運。因此，她想捐贈一個《年輕，不打安全牌》的共讀書箱給偏鄉的孩子，讓他們可以讀到這本好書。

因爲年紀眞的不小了，子瑜姊終於辦理退休，但依舊回學校擔任鐘點代課老師，繼續陪伴、教育一個個孩子，繼續做她最熱愛的教育志業。這時的子瑜姊，似乎更從容、更專注、更寬容、更有智慧了。

人們往往以爲，付出後的回報能夠在自己身上最好，但爲人父母後，我們會慢慢體悟，只要孩子過得好，擁有平凡簡單的幸福快樂，我們就會得到反饋，獲得相同、甚至更大的幸福快樂。

這是一種生命一體的感受，超越頭腦的邏輯、算計、思考，是生而爲人的本質力量。

財富無法傳家，權勢無法傳家，唯有福德智慧可以。

善念、善行、善力量，是父母給子女最好的生命禮物，眞實、有力。

成爲善意的活水源頭，激起陣陣積善漣漪

二〇二二年十月，我來到嘉義縣義竹鄉的義竹國中演講。

疫情仍在持續，每天依舊有數萬人確診，但因爲疫情實在拖太久了，越來越多人不願意繼續過著嚴格防疫的日子，所以許多演講活動也慢慢恢復。

這場義竹國中的演講也是在這樣的氛圍中，如期舉行。

飄揚在偏鄉的書香

義竹國中算是偏鄉學校。義竹鄉盛產玉米，到處都是玉米田，全鄉只有兩間便利商店，呈現出非常純樸的農村景象。

在高鐵嘉義站接我的桂櫻老師，也給我很質樸、親切的好印象。

桂櫻老師告訴我，她除了大學四年到臺北讀書外，一輩子都在義竹鄉，在義竹長大、在義竹國中念書，長大後回到義竹國中擔任老師，現在自己的孩子都讀大學了。

三、四十分鐘的車程裡，桂櫻老師如數家珍地跟我介紹她的故鄉、她的學校。

因爲義竹略偏靠海，所以不適合種水稻，只能種植雜糧，以玉米爲主，加上商業活動不熱絡，所以義竹國中很多孩子的家庭經濟並不寬裕。但孩子們都很聽話、善良，老師與家長的互動也很好，務農爲生的家長很尊重、尊敬老師。

抵達學校、到校長室用餐時，桌上已經擺滿當地美食，有水餃、鍋貼、粉肝、豬頭皮、豆乾、海帶、蛋花湯等各式我最愛的小吃。

七、八位老師在校長室裡互相幫忙，很像一個大家庭在用餐。以大家熟練的手腳和默契看來，這是很平常的場景。

用餐後，老師們抱著我的書讓我簽名。幾乎每個老師都有我的整套著作，有公務在身的老師還委託到場的人幫忙拿給我簽名。

原來，剛剛在車上，桂櫻老師說他們全校老師幾乎都有買我的書、很多孩子都有事先閱讀過我的作品這件事是眞的。

雖然這是一所偏鄉學校，但在佳樺校長的領導下，義竹國中的閱讀風氣很好，整個校風也呈現一種穩定、寧靜又不失活潑的氛圍。

進到演講的大禮堂，舞臺前有兩張長桌，上面擺放數十本我的著作，全套系列作品都有，讓我有些驚訝與感動。

這是一所國一、國二、國三加起來只有兩百來個學生的小學校，我大概算了一下，加上老師們擁有的書，有近百本我的作品在這所學校流傳著。

臺下同學如同老師們描述的，眞的是很乖的孩子，加上之前幾乎都讀過我的書，已經認識我，整場演講的聽講品質非常好，可以說是近幾十場校園演講中最好的。

演講結束後，家長會的丁秀女會長、代表會的翁榮輝主席還準備了各式在地土產和農產品讓我帶回臺北，我雙手滿滿的都是禮物，快拿不動，眞是非常「厚禮數」。

回程在高鐵上，我的心依舊悸動著、溫熱著。我這輩子從來沒到過嘉義縣義竹鄉，說實話，我甚至根本沒聽過，但我不斷思索，到底是什麼樣的緣分，讓我的著作在這樣略顯偏遠的農村流傳著，而且已經流傳了好多年？這一切是我控制得到、算得到的嗎？

這讓我想起了一位讀者，臺南市的張榮峯老師。

榮峯老師是個剛退休的國小老師，雖然退休，但心裡仍不忘教育，尤其掛心臺南在地缺乏資源的偏鄉學校孩子們。他知道臺南有許多偏鄉學校，應該是六都裡最多的，每班的學生人數幾乎都是個位數，有的全校加起來還不到四十人。

榮峯老師很喜歡我在《年輕，不打安全牌》這本書裡傳遞的生命價值，所以自掏腰包買了好多好多本我親筆簽名的書，要親自巡迴，把這本好書送給臺南在地偏鄉學校的師生。

他在臉書上寫著：「贈書結緣之行。一位年輕律師轉換爲專職作家，用文字記錄他奮鬥、奮發、奮戰的生命經歷，帶給我相當大的震撼。因此買了作者親筆簽名的好書，讓更多好友、學生有機會認識他這些不平凡的人生智慧。」

就這樣，榮峯老師開啓了一趟回味教育價值結合捐書的巡禮。他一共跑了臺南市九所偏鄉學校，包括白河區內角國小、後壁區永安國小、關廟區保東國小、柳營區新山國小、將軍區鯤鯓國小、佳里區延平國小和通興國小、楠西區楠西國小，以及南化區南化國中，向這些有緣的偏鄉師生傳遞他在我書裡受到的感動。

榮峯老師只是個在小學服務數十年的平凡老師，或許沒有社會知名度、沒有賺到很多錢，但他對教育的奉獻是值得尊敬的。更難得的是，他退休後依然心繫臺南在地偏鄉的孩子們。

榮峯老師很憨實地每到一所學校，就把捐書的照片一張張傳給我，裡面是他的老同事、老朋友和該校學生。

看著榮峯老師分享給我的一張張合照，我感到一絲不捨，原來臺灣眞的有這麼多偏鄉學校。但也因爲他憨實的人格特質，與孩子們質樸善良的臉孔，我內心有很大的觸動，覺得很感動、很溫暖。

以文字傳遞善的漣漪

二〇二二年十月，出版社通知我，我的六本著作在同一個月內全部再刷，這代表的是數千本的銷售量。在疫情籠罩、出版業低迷的時刻，這是很難得、甚至是罕見的，所以出版社專程告訴我這個好消息。

我必須很誠實地跟大家說，身爲作家，我眞的看不到、掌握不到究竟有誰買了我的書。

但我知道，隨著義竹國中的師生和榮峯老師這樣的平凡人，隨著一個個我知道或不知道的好人，我的書去到了無數有緣人手上，書中傳遞的善的價値與力量進入了無數人的生命之中，持續地、慢慢地傳遞著，就像一個個積善的漣漪。

我從不認爲自己的文筆好、演講好。我的文字傳遞的是生而爲人的共同善良人性，而它們之所以觸動人，是因爲我們都是活生生的人。

這樣傳遞善良人性的文字，就像活水源頭，湧流著、翻騰滾動著，激起一陣陣的積善漣漪，跨越了時間、空間，無遠弗屆，進入了無數人的心中。

人啊，終究算不過天。人們自以爲的聰明、控制、算計，在天道面前，都顯得幼稚多餘、徒勞無功。

天道自在人心，只有得人心者才能贏得天下。而人心只存在我們生而爲人的本質善良之中，那是每個人都擁有的、充滿向善力量的太陽。

這麼多年來，我已經慢慢學會放下控制、放下布局，甚至放下期待。我只是不分心，老實做事，專心做內心覺得應該做的事，一天一天、一點一點地讓自己成爲那持續向人世間、向無數人釋出善意的活水源頭。

在這過程中，我，感受到自己的渺小，也感受到自己的無限力量。

Part 2
練習讓自己的每一天有意義

善的無限循環

因爲出版社簡社長的緣分，我接下了「孩子的秘密基地」公益募款影片拍攝活動。

臺灣有許多弱勢家庭的孩子，每天一下課離開學校後，就眞的沒有人管了，要麼爸爸媽媽外出工作不在家，要麼家裡只剩看不懂孩子功課的阿公阿嬤。

一旦孩子回家沒人管，當然也就沒人會關心他們的學習狀況和功課，以致學業跟不上，甚至可能因爲受到誘惑加入社會邊緣團體而學壞，人生的路就走偏了。

「孩子的秘密基地」就因爲這些弱勢、邊緣家庭的孩子誕生了。

他們結合民間的力量，持續提供弱勢孩子陪讀與陪伴，還有一頓熱騰騰的晚飯可以吃，讓這些孩子放學後有人關心、有人管，學習意願提升，讀書跟得上；更重要的是，因爲安全感、歸屬感，孩子的人生路就不會走偏。

這天，我來到新竹山區的一個秘密基地。

因爲以前待過補習班，也當了很多年課輔老師，所以我對教書這件事挺上手的，但要教小學一、二年級的小小朋友，內心就有些許緊張。

還好，我事先有做足功課，也好好地跟我們家的小學生虎妞和心心請教一番。

到了秘密基地，時間還早，孩子們還沒放學，站在門口迎接我們的，是基地的負責人淑萍理事長和佳瑜老師。

理事長的老公是鄭牧師，他們一起經營這個秘密基地已經超過二十五年了。

佳瑜老師則是個將近三十歲的年輕老師。

聽淑萍姊介紹，佳瑜老師不是一般的外聘老師，而是從小就在這個秘密基地長大的孩子。不只是佳瑜，其他的課輔老師幾乎都是在秘密基地長大的學長姊。

這裡的一些孩子，家庭功能很薄弱，甚至有些破碎，所以這些孩子往往會在秘密基地找到某種類似家的感受，一種家的歸屬感。

而孩子們長大後，也都會「回家」來幫忙照顧弟弟妹妹。

佳瑜老師身材高䠷，清新的氣質和盈滿的書卷氣，讓我印象深刻。果然，她是國立大學傳播學系畢業的高材生。

在這部公益影片裡，有一段是由我訪問佳瑜老師，談她的成長故事。

原先我並沒有預設什麼想法，對佳瑜老師的認識也僅止於知道她是基地長大的孩子，但在深入訪談後，她的故事卻讓我內心很受觸動，見證了人與人之間善的無限可能。

接住一個孩子飄蕩、無助的心

佳瑜的家境原本雖不是大富，但很寬裕，爸爸在一家大型企業擔任高階主管，媽媽只要專心在家帶她和弟弟就可以了。

後來，爸爸覺得自己應該有能力創業，就決定離職，出來開公司。

沒想到卻賠光了積蓄，還欠了一屁股債。

創業失敗後，爸爸想要再回去找主管的工作也沒機會了，位置都被占走了，所以有一段時間很失意。

媽媽為了貼補家用，去考了保母執照，開始在家裡帶小孩賺錢。

幾年後的某一天，爸爸帶著前公司的業務小陳和行政小姐雅芬一起回家，雅芬懷中還抱著一個襁褓中的小女嬰。

小陳跟媽媽說，這是他們的女兒，想要麻煩媽媽擔任保母，代爲照顧。多了一個寶寶要照顧，就多一份收入，媽媽很開心地接下照顧這女嬰的工作。雖然小陳每個月都會按時支付費用，但每到假日常常會以各種不同藉口，希望小孩可以留在佳瑜家；後來甚至以他們夫妻都要外派到越南工廠爲由，希望長期將孩子留在佳瑜家，夫妻倆每隔三個月回臺灣探望一次就好。

慢慢地，媽媽察覺了異樣。在不斷逼問爸爸後，聽到了晴天霹靂的消息。原來，這個小女嬰根本不是小陳與雅芬的孩子，而是佳瑜爸爸在外面的私生女！從這一刻起，佳瑜的家陷入了難以想像的破碎危機之中。父母不斷爭吵、熱戰、冷戰，整個家的氣氛糟透了。

佳瑜開始不喜歡回家，因爲回到家，爸爸媽媽就是吵架，而且看到那個一歲多的小女孩，內心更是五味雜陳、糾結纏繞：「她是我妹妹嗎？同父異母算是親妹妹嗎？如果不是，她是誰呢？讓同學知道我有一個這樣的妹妹，很丟臉吧？」

過了幾個月，佳瑜的媽媽竟然做出了一個令人匪夷所思的決定：她要把這個名叫姍如的小女孩留在家裡撫養。

這個決定不僅讓爸爸驚呆了，佳瑜和弟弟兩人也愣住了。

但媽媽態度堅決，這件事好像就這麼定了下來。

一家人就這樣夾雜著爸爸的愧疚、佳瑜姊弟的排斥與困惑，還有媽媽的眼淚，一起過生活。

佳瑜跟妹妹姍如差了十二歲，每次媽媽要她幫忙照顧，她都心不甘情不願。不是不想幫忙，而是姍如的存在讓佳瑜感覺無比尷尬，甚至想盡辦法不讓同學知道這個妹妹的存在。

這個家對佳瑜來說整個快要扭曲變形，讓剛進入國中青春期的她承受了龐大的壓力，處於衝突、矛盾的情緒中。

這時候，因爲班上有些同學下課後會去一個叫「孩子的秘密基地」的地方寫功課、吃晚餐，飯後一起複習、讀書，就約佳瑜一起去。

佳瑜反正也不想回家，就跟著去看看。

剛開始到秘密基地時，佳瑜有點緊張、陌生，但淑萍媽媽、鄭牧師、學長姊和同學們的親切招呼，還有大家一起備餐、打飯、吃飯、打掃、寫作業、複習功課，這樣的溫暖逐漸接住了佳瑜飄蕩、無助、孤寂的心。

就這樣，佳瑜與秘密基地結下了一個好緣分，一段影響她一生的善緣。

日子總會過下去的，時間往往過得比人們自己想像中快，一切都會逐漸適應、習慣的。

慢慢地，佳瑜長大了，姍如也長大了。

姍如很靈巧、善良，會撒嬌、會幫忙家務，很得媽媽疼愛。從她懂事開始，媽媽就沒隱瞞她的身世，但也從沒讓她受過委屈。姍如就是這個家的一分子。

佳瑜也慢慢接受姍如這個妹妹的存在，覺得有個姊妹可以談心，分享生活中的快樂、悲傷、成就、失落，也挺好的。兩姊妹現在還常常一起出門逛街購物、喝咖啡呢。

有時佳瑜還會吃醋、抱怨，覺得媽媽更疼愛這個同父異母的妹妹。

長大成人的佳瑜慢慢能夠靜下心來，聽媽媽分享自己一路走來的心情。

媽媽說，其實她也沒那麼偉大，當初內心的痛是言語難以形容的，那種複雜的情緒更是如人間煉獄一樣糾結、煎熬，她是爲了給佳瑜姊弟一個完整的家才苦撐下來的。每天夜裡，她都只能以淚洗面，怪罪那個該死的男人，埋怨老天爺不公平。後來，看著姍如天眞無邪的笑容，媽媽的心逐漸融化了，慢慢體悟到一件很重要的事。

「孩子沒有錯。她來到這個世上，沒有做錯任何事，不應該承擔大人的過錯。」

就是這個如同天降神諭般的體悟，讓媽媽轉念了，也產生了勇氣。

開心、開心，就是要把心打開；心打開了，人就開心了，路就光亮了起來。

以生命影響生命的過程

佳瑜考上第一志願的女中後，週末就會搭公車回家，也回秘密基地擔任課輔老師，幫忙照顧弟弟妹妹。

後來她考上臺北的國立大學，週末照常會回老家，也回秘密基地幫忙。

這麼多年過去，佳瑜心中一直都有兩個家。也還好有兩個不同的家，她的生命才能被穩穩接住。

大學畢業後，佳瑜曾經應淑萍媽媽的邀請，短暫回秘密基地擔任全職的課輔老師。

一段時間之後，佳瑜還是想要到外面的世界去闖一闖。雖然心裡放不下一個個她從小照顧長大的弟弟妹妹，她還是決定離職，去臺北工作。

雖然工作很忙碌，有時假日也回不了老家，但只要一有空，她還是會專程回老家、回秘密基地去看她心心念念的弟弟妹妹。

時間過得很快，佳瑜出社會也有五、六年了。

雖然工作收入不錯，也有成就感，但眞正能讓她感受到發自內心湧現的喜悅與生命連結的，只有回到秘密基地與弟弟妹妹在一起的時候。

看著一個個弟弟妹妹在秘密基地逐漸長大，沒有走偏、沒有變壞，甚至長大後還有能力賺錢改善自己的原生家庭，這種生命影響生命的過程，彷彿有種超越的精神力量，讓佳瑜深刻感受到某種說不出口的溫暖體悟，是薪水袋或名片上的職稱無法帶給她的。

佳瑜理性的頭腦與內心的聲音彼此拉扯，讓她陷入掙扎與矛盾之中。

更讓她深思的是，從世俗的眼光來看淑萍媽媽和鄭牧師，他們奉獻了一輩子，沒有獲得財富與地位，他們到底得到了什麼？是什麼樣的內心驅動力，讓他們願意照顧這麼多的孩子？

這些疑問不斷從佳瑜內心深處湧現。

在一個農曆春節前的假日，領完年終獎金的佳瑜回到秘密基地，跟在廚房爲孩子們準備晚飯的淑萍媽媽聊天。

她不自覺地注意到淑萍媽媽的白髮、皺紋、身軀，都跟她小時候看到的有些許不同。淑萍媽媽眞的年紀大了。

這讓佳瑜有些驚愕，更多的是不捨與心疼。她閒聊般地問道：「淑萍媽媽，爲什麼你願意用自己的一輩子照顧這麼多秘密基地的弟弟妹妹啊？」

原以爲淑萍媽媽會像平常一樣搞笑地回答，沒想到，她只是炒著高麗菜，沉默不語。

一段尷尬的靜默之後，淑萍媽媽關火，把炒菜鍋裡的高麗菜盛進盤子裡，然後轉過身來。

佳瑜被眼眶噙著淚水的淑萍媽媽嚇了一跳。

淑萍媽媽帶著讓人鼻酸的語氣，笑著回答說：「因爲這些孩子沒有錯。他們沒有做錯任何事。」那一瞬間，佳瑜也紅了眼眶。

從那天開始，「這些孩子沒有錯」這句話就縈繞在佳瑜的心頭，未曾間斷，彷彿所有對生命的疑問與答案都在這句話之中。

除夕夜，一般的家庭都會圍爐團聚，但秘密基地有些孩子的爸爸媽媽可能因爲工作、因爲在外地、因爲欠債跑路、因爲吸毒、因爲很多很多理由而不在身邊。他們沒有可以團圓吃飯的家，於是就會一起聚在秘密基地，跟所有哥哥姊姊、弟弟妹妹圍爐。

或許，他們更熟悉、更想吃到淑萍媽媽親手做的年夜飯吧。

佳瑜也一如往常，在家吃完飯後，就趕緊到秘密基地跟弟弟妹妹玩。當她往左右打開秘密基地的拉門之後，足足愣住了好幾分鐘，看著牆上數十張或線條粗糙、或輪廓清楚、或描繪細緻的女孩畫像，所有畫像都是同一人，就是她自己！

這是從小學一年級到大學的所有弟弟妹妹送給她的驚喜。

在這一瞬間，佳瑜破除了心裡所有的疑問，找到那早已存在內心深處的答案。她的心打開了，路也就光亮了起來。

佳瑜決定用她在秘密基地長成的能力與能量，去穩穩接住無數孩子的生命，成爲一個用生命影響生命的人。

而生命就是充滿無數的善緣，過了一段時間，秘密基地開始與快樂學習協會結緣，由協會援助資金，讓秘密基地有預算可以聘請正職的課輔老師。

就是我眼前的佳瑜老師。

善的循環，為弱勢孩子打造一個家

再講一個我在秘密基地觀察到的小細節。

現在秘密基地已經不再是淑萍媽媽一個人，也不再是佳瑜老師一個人了。

中年級的孩子下課後會幫忙照顧低年級的，高年級的會幫忙洗菜、切菜、備碗筷，比較晚下課的國中生則自動幫忙打菜、善後、清掃整個環境。

然後，高中生和大學生就會在飯後帶著弟弟妹妹複習功課，等著各自的爸爸媽媽、阿公阿嬤來接回家。

整個秘密基地好像自動化系統一樣，原本嘻嘻哈哈的國中男孩到了打掃時間，瞬間轉換態度，溫和但嚴肅地敦促弟弟妹妹去做應該做的事，協力完成每個人分擔到的工作。

這個秘密基地是每一個孩子的家，甚至是孩子爸爸媽媽的家。原本弱勢、邊緣、破碎家庭的孩子，從秘密基地溫熱的晚飯、陪讀和陪伴中得到安全感、歸屬感，再慢慢地把汲取到的力量回饋給自己的原生家庭，緩緩而不可思議地修補了、完整了自己的家。

這也是現在淑萍媽媽煮飯時有那麼多志工媽媽來幫忙，鄭牧師採買和搬貨時有那麼多志工爸爸來支援的原因。

感謝快樂學習協會，感謝「孩子的秘密基地」數以百計的老師，謝謝你們穩穩接住了無數孩子的生命。

現在全臺灣有八十四個「孩子的秘密基地」，每天有超過兩千四百個孩子接受幫助。

在「孩子的秘密基地」裡，我見證了善的無限循環，這是一條善的「不歸路」——踏上了這條積善之路，就不打算回頭了。這是一群積善的老實人、善的傻人。

佳瑜的爸爸或許因爲愧疚、或許因爲感恩，從那件事之後，就對佳瑜的媽媽非常好，媽媽說一，他絕不敢說二，也丟掉商場上的失意，重新振作起來，找到一個小主管的職位，家裡的經濟也逐漸改善了。

現在佳瑜的弟弟也出社會工作了，姍如則是成績很好，也跟佳瑜一樣考上第一志願的女中。

這個家，永遠擺著五個人的碗筷、準備五個人的飯，同一個媽媽的口味。

傳遞善的力量，
成爲一種溫暖的祝福

多年前，我接受安麗直銷集團與《遠見》雜誌的邀請，在一個數千人參與的盛大場合演講。

我專程提前一個晚上下高雄，先到演講場地履勘。

到了現場嚇一跳，四、五十個工作人員正如火如荼地趕工布置場地，包含看板、舞臺、燈光、攝影機、音響設備等。我也上臺測試一下簡報檔和麥克風音效。

每一次參與大型演講，都能深刻感受到，一場好的演講眞的需要難以計數的幕後工作夥伴的辛勞付出。

跟夥伴們一起吃完雞腿便當後，我和演講當天的攝影師 Andy 大哥與他老婆 Cindy 三人在一旁喝著清心福全的飲料閒聊，彼此認識一下。

「很少會在前一天晚上看到講師，通常都是演講當天的彩排才會看到。」Andy哥說。

「一大早的演講，我習慣提早一天下來，免得隔天的交通遇到什麼突發狀況。既然已經到高雄，那就專程到現場提前準備一下，也挺好的。」

Andy哥是道地的高雄人，有著爽朗、熱情、好客的高雄人標配性格，跟我很合得來。

我們很快就熟絡起來。

聊著聊著，Andy哥突發奇想：「老師，來啦，我來幫你拍幾張個人照，給你當作紀念。」

他不停催促著，指導我站在白色的素面牆前，擺出各種姿勢、笑容。雖然Andy哥示範的笑容有些搞笑，讓我有點尷尬，但在他專業又有經驗的引導下，我們很快速地拍了幾十張照片。

那次到高雄，除了增加超大型演講的歷練外，認識Andy哥與Cindy是我最大的收穫，因爲我又交到了一個眞誠善良的高雄朋友。

過了幾天，Andy哥寄了幾張Cindy親自修圖的照片檔給我。

收到時，我超開心的，因爲把我拍得好帥，看得我自己都不好意思了。

幾個月後，剛好我的第四本書《做一個簡單的好人》準備出版上市，我主動跟出版社說，我想要選用Andy哥與Cindy幫我拍的照片作爲作者照，放在新書封面折口。此外，還要在照片下方注明「dna平方攝影工作室」，幫Andy哥的公司打個廣告。

我寄了簽名書給Andy哥與Cindy，他們收到之後超驚喜：「這是我們第一次收到作家的簽名書耶！也是第一次有演講者眞的記得我們這樣的小人物，把我們放在心上。」

我和他們就這樣一直保持聯繫。

後來，我在擔任三重三陽扶輪社的祕書時，還推薦了「dna平方攝影工作室」，請他們專程從高雄來到臺北，擔綱我們年度授證的攝影工作。Andy哥團隊的拍攝品質，讓扶輪社所有的大哥、大姊都讚不絕口。

當天晚上，Andy哥還加碼了一個讓所有人都很驚喜的小禮物：他們竟然架了一個小型的攝影棚，幫當晚與會的五百多位貴賓，一個一個拍攝個人、夫妻和家人子女的全家福紀念照。這完全不在報價服務的範圍內，紀念性更是無價。

經過這麼多年，我發現扶輪社的大哥們幾乎都還是用Andy哥拍攝的照片當作大頭照，可見大家有多喜歡。

勇敢承擔生命責任的父母

一次次的互動、合作，讓我跟Andy哥與Cindy的緣分越來越深，也越來越熟悉彼此。

後來我無意中得知，他們家的老二阿肥罹患了一種罕見疾病，叫作多囊性腎病。這是一種染色體缺陷疾病，是父母染色體的隱性遺傳（就是父母親本身沒有症狀，但各自帶了一個隱性基因），目前無藥可醫，僅能透過長期追蹤控制。

我以前跟罕見疾病基金會、小腦萎縮症病友協會有一些緣分，明白照顧罕見疾病的孩子有多難、多不容易。

由於罕見疾病的遺傳特性，父母面對的是一輩子都不可能復原的孩子。無限期的病程、龐大的醫療費用、二十四小時不間斷的照護，讓無數罕見疾病家庭的父母在面對充滿不確定性的未來時，往往感到恐懼、悲觀、無助，甚至想要逃避。

這些父母親光是不逃跑，勇敢承擔這樣的生命責任，就贏得我發自內心的敬重了。

我記得罕見疾病基金會還組織了「不落跑老爸俱樂部」。「罕見疾病的孩子是誤入凡間的天使，神只會安排他們到最有愛的家庭中。」某一次參與基金會的活動時，我聽到了這句讓我很感動的話。

生命中有些事情，本質上不是有人做錯了什麼，更不是懲罰，但事情就是發生了。這就是命運。

但命運的安排往往隱藏著深遠玄妙的意義，是凡人如我們無法在當下參透的，而必須用整個生命歷程，一天一天、一點一滴去覺察、省思、體悟。

Andy哥與Cindy爲了這個兒子付出了外人難以想像的心力，但我從未聽過他們抱怨。他們如常地生活、如常地教養孩子，而「如常」這兩個字，需要多麼強大的愛與勇氣。

積善的力量不會局限於個人

即將出版第五本書《內心的太陽一直都在》時，我告訴Andy哥與Cindy，我會繼續沿用他們幫我拍的照片當作者照，放在書封折口。

Andy哥義氣相挺、一口答應，還說：「這麼重要的事，當然要專程拍新的帥氣大頭照啊！」

我們約好利用一次我在高雄演講的機會，他們夫妻專程來到演講場地，架起簡易的攝影棚，幫我拍攝最新的大頭照。

又過了兩年，我準備出版第六本著作《積善》。

前面幾本系列作的銷售狀況很好，出版社對這本新書也很重視，在預算充足的行銷企畫案中，建議請專業攝影師幫我拍攝一系列的宣傳照。

我對所有的企畫案都沒有意見，只堅持了一件小事，那就是新書封面折口的作者照要使用Andy哥與Cindy幫我拍攝的照片，並且要在照片下面注明攝影者爲「dna平方攝影工作室」。

這並不是我單純想要照顧朋友，幫朋友打廣告。其實，那時我內心有一個小小的、善的起心動念。

有不少讀者問過我，如果我的父母沒有那麼早就離世，他們會比較幸福嗎？我會比較幸福嗎？

這是一個沒有答案的問題，因爲生命沒有如果、假如、假設。我接受他們已經離開人世間的事實，無論我願不願意。

父母在世時，以美食、舒適的住宅和適時的陪伴孝養父母，都是好事。

但現在我有更深層的體悟：父母離世之後，這些美食、住宅、陪伴就不再重要了，重要的是爲人子女者在人世間的所言所行產生的力量。

當我能夠心存善念，爲了利益無數人而活著，我所寫下的一字一句、做到的一言一行，都將產生超越世間的善的力量，迴向給在另一個世界的父母與所有已逝的親人。這是一種更深遠、更長久、充滿力量的奉養。

我深信，我的阿爸阿母在另一個世界無病無痛，過得很好、很平安。

這就是爲什麼說「積善之『家』，必有餘慶」，而不是積善之「人」的道理所在。積善的力量本質上不局限於個人，而是會自然擴散，幫助、影響整個家族，甚至所有在世或離世的家人。

同樣地，我眞心相信《積善》是一本好書，一本充滿善的力量的書。它在數以百計、千計、萬計的讀者之間不斷傳遞，過程中與無數有緣相遇的人匯聚並共享了無遠弗屆、眞實不虛的善的力量。這股力量不只能夠影響無數人，更能迴向給需要幫助的人，成爲一種溫暖的祝福。

我希望《積善》這本書可以成爲給Andy哥與Cindy的兒子阿肥的祝福。

祝願善良的Andy哥、Cindy與他們的家人，都能擁有平凡簡單的幸福快樂。

祝願每一個你，都能擁有平凡簡單的幸福快樂。

收到《積善》簽名書的 Andy 哥與 Cindy 非常開心地傳訊息給我：「真心謝謝老師一直有想到我們。」

現在阿肥已經小學三年級了，他們一家四口依舊團結努力過著如常的、平凡簡單的生活。

《積善》的銷售量很快就突破萬本，至今依舊持續、穩定且自然無礙地傳遞著、迴向著善的力量，給無數有緣相遇的人。

在人生中看得長遠，時間就會是你最好的朋友

在一次餐會中，現場除了企業家外，還有一位知名女藝人、主持人和暢銷作家。她的知名度很高，所以大家的目光多停留在她身上，聽她說話。

她說自己每次出新書，都會讓不同出版社競標，看哪家給的版稅、條件最好，就到哪裡出版。

最近她又出了一本新書，也換了合作的出版社，因爲新的出版社給她遠超過市場行情的版稅。她很自豪地告訴大家：「出版社跟我說啊，這本新書已經賣超過一萬本了，以現在的書市來說，這是非常厲害的銷售量啊。不信，你們找一個現在能賣超過一萬本的作家出來我看看。」她得意洋洋的神情，讓我印象深刻。

現場所有人的目光突然都轉到我身

上。而我，只是傻笑，沉默不語，避免大家尷尬。

透過這位女藝人，讓我明白自己的書賣得還眞不錯啊……

目前爲止，我六本著作的銷量合計早已超過十萬本了。

信守承諾，淬鍊出珍貴的忠誠性格

我的第一本書《年輕，不打安全牌》是在二〇一〇年出版，後來陸續在二〇一四年出版《心的強大，才是眞正的強大》、二〇一五年出版《被支持的力量》、二〇一七年出版《做一個簡單的好人》、二〇一九年出版《內心的太陽一直都在》、二〇二一年出版《積善》，十一年內，我總共出了六本書。

或許銷售成績獲得認可，其實一直都有不少出版社來找我，希望我可以更換合作的出版社。

「在我們出版社出書的話，可以同時在我們集團的財經雜誌上曝光，會有更高的銷售量。」

「不同出版社有不同的強項和行銷通路，在我們這裡出書的話，能夠接觸到更多原本不認識你的讀者，擴大影響力。」

「我們願意支付比你原有的多一半的版稅，只要許律師願意到我們出版社來出書。」

「老師你太老實了啦，出版業是很現實的，這種交情沒有意義，等你未來不紅了，他們還是會拋棄你的，倒不如現在就多培養跟幾家出版社的關係。」

隨著銷售成績上升，接觸我的出版社越來越多，提出的條件更好了，說服我的理由更多了。

但，或許我在出版界眞的算是一個怪咖，因爲十一年來，我的六本著作都在同一家出版社，也就是我們方智出版社出版，從沒換過。

也有人告訴我，作家在不同出版社出書很常見，來來去去還是可以回到老東家合作。但，我依舊老實地待在我們方智出版社。

別家出版社的一個編輯跟我聯繫了很多年，勸說無效後哭笑不得地說：「老師，現在這個社會哪有人像你那麼傻的啦？明明可以拿到更高的版稅，明明可以增加知名度……」

這讓我想起多年前，在選才赫偉補習班上班的故事。

這家補習班的老闆是升大學補教業的超級天王——沈赫哲老師。

原本我是這家補習班的法務主任，也兼做招生業務，後來有個新科目叫「公民與社會」，沈老師與劉駿豪主任覺得非常適合我來教，就這樣，我開始擔任高中補教老師。

第一次上臺教課，沈老師就給我全臺灣最高的公民與社會老師鐘點費，或許他真的對我有著超越常人的信心吧。

沈老師以很嚴密的法律契約制度管理旗下的補教老師，雖然提供高報酬，但也有相關的競業禁止規定，也就是要求旗下老師不能到其他補習班兼課。

所以，公司主管拿了一般給授課老師的常規合約書給我。

當時我才二十五歲，年輕氣盛、年少輕狂，直接回了一句：「我許峰源說的話就是契約，說了就算數，我不會未經沈老師同意到其他任何補習班教課。」

沒想到，沈老師竟然接受我的口頭承諾，我成了選才赫偉補習班上百名教師中，唯一沒有簽立書面契約的。

當時放眼全臺灣高中補教業的公民與社會老師，找不到跟我一樣擁有臺大法律系畢業、應屆律師高考及格的學經歷背景。加上我已經在司法特考和高普考領域教授民事訴訟法一段時間了，擁有數百堂課的授課經驗，所以我第一年教公民與社會就紅了。

沈老師果然眼光老辣啊……

高中補教業廝殺非常殘酷、競爭非常激烈，一旦出名，就會有很多補習班不惜代價，出高價挖角。

因此，我也開始面臨很多很多誘惑。

但我很自豪的是，經過多年，我依舊守住了年少輕狂的我說出口的承諾。

直到後來沈老師慢慢退出高中全科班與重考班市場，在他慢慢退出的過程中，我才在某種默契下，慢慢到其他補習班教課。在我的高中補教生涯裡，我一直守著自己的承諾。

或許有些人會覺得守住這樣的承諾很傻，尤其在功利、現實、血腥的高中補教業更是如此，但我自己認爲，從整個人生的長遠格局來看，是非常値得的，因爲，這淬鍊了我的性格，一種極爲珍貴的忠誠性格。

人生比的不是眼前的勝敗得失，而是能否走得長遠

十幾年來，我進出版社簽書的次數難以計算，在上百次的見面互動中，我不只默默記下了幾乎所有夥伴的名字，他們對我而言，更早已超越一般作家與出版社員工的關係。他們都是一個個活生生的人，跟我的生命有著或深或淺的緣分與連結。

十多年來，看著一個個夥伴從大學剛畢業、結婚、生孩子、升小主管，生命有著或深或淺的變化，而我有幸參與、見證他們的人生，我覺得這是很難得的緣分。

這種生命的連結不是單向的，而是雙向，會為彼此帶來強大溫暖的力量。所以每次我出新書時，不只因為合作多年的好默契，更因為夥伴們發自內心把我當作朋友，大家總是用盡洪荒之力幫我編輯、設計、企畫、行銷，搞得紅紅火火、熱熱鬧鬧的。

出身貧困，沒有任何資源的我，對於曾經幫助過我的人，我都默默牢記在心，因為我知道，這一切都不是理所當然。

「忠誠感恩」在這人情淡薄的時代裡，或許顯得有些老舊、過時，卻是我早已內化的人格特質。

旁人看來也許有點傻，但我認為人生要走的路很長、很遠，到頭來最重要的並不是得到了什麼，而是我們最後怎麼看待自己，覺得自己到底是一個什麼樣的人。

無論是多年前的沈老師，或是現在的方智出版社，我心裡都有著一個小小的、善的起心動念：他們給了當初一無所有的我一個被看見的機會，我想好好回報這個恩情。

能夠守護內心一個簡單的、好的起心動念，我覺得挺好的，因為時間越久，我會越來越看得起自己，而這比什麼都重要。

走在守護善的起心動念、看得起自己的人生正途上，時間，會是我們最好的朋友。

我只是一個很平凡的人，如果現在有一點點成就，都是因爲身邊始終有無數的貴人在幫助我、給我機會，而我深信，他們願意拉我一把、手把手地教我，跟我的忠誠人格特質有關。

這樣的特質會隨著時間的積累、醞釀，形成一股無遠弗屆的信任、聲譽與感染力。

人的一生，不是一次性的賽局，而是無限賽局，比的不是眼前的利益勝敗得失，而是如何走得更久、更穩、更遠。

「日久見人心」是自然律則，每一個人的眞實性格都必然會被時間洗滌而顯現。時間是絕大多數人的敵人，只有具備遠大生命格局觀的人，時間才會是他們的朋友。

劉大哥是我們出版集團的副總經理，有一天他在臉書貼文寫著：「記不得是多久以前開始，這個年輕人常到公司簽書，常常一待就整個下午，簽到同事下班了還在簽，會議室總是堆了一堆堆簽好的書。說實在的，我在出版社待了不短的時間，他應該是我見過的眾多作者中，簽書最賣力的一位。在他要推出第六本著作前，利用他來公司簽書的機會主動和他寒暄，很高興能認識這個滿滿正能量的年輕人。我看過他的人，讀過他的書，推薦給大家，相信他的文章能讓你的人生獲益。他是律師作家——許峰源。」

二〇二一年三月，我的第六本書《積善》出版，封面就是由劉大哥帶領的團隊設計的。

當時的劉大哥臉上有許久未刮的鬍碴，因爲他剛經歷父喪，還沒出殯，衣服的左邊袖子別著一小塊方形的戴孝麻布。但他依舊像對待自己的弟弟一樣，盡心盡力幫我完成整本書的設計規畫。

「老師，《積善》的封面我自己滿喜歡的。不知道爲什麼，看著這個封面，我有一種很溫暖的感受，覺得爸爸去世之後的心獲得了安慰。」

我親自簽了一本《積善》送給劉大哥與他的家人，當作一個感謝、一份祝福。

每當陷入自我懷疑，回頭望向支持你的人

「老師，請問您最近會經過出版社嗎？可否請您順便來幫讀者簽名？因爲只有十幾本，不好意思麻煩您專程跑一趟。」出版社同仁傳訊息給我。

「沒問題。我這兩天有演講，後天有空檔，我專程過去一趟。」

「讀者也知道您行程忙，有特別交代，等許老師有空檔再來簽就好。」

「沒關係的。這位讀者一定希望可以盡快拿到簽名書，這種心情我懂，我自己每天都在買書。」

坐在出版社會議室裡簽書，我問起這位讀者。

「她來買過好幾次了。因爲她不會用網路，但又想要買到有老師簽名的書，所

以就專程從基隆跑來買。她沒有在用信用卡，都用現金付款。

「她每次來都買十幾、二十本，我有觀察到她身體好像有些不方便，恐怕不好提這麼重的書，所以有特別提議寄送服務，減少她的奔波。」

我一邊簽書，一邊入神地聽著。我先謝謝同仁的細心和費心，然後好奇地問，那書是寄到基隆嗎？

「是按照她指定的地址，有時候是寄到三重區集美街，好像是一所學校。」

我心想，好熟悉的地址。「是三重高中嗎？那是我的母校。」我略顯驚訝地回答。

看了一下收件人的名字，原來是我母校三重高中的行政幹事大姊——上惠姊。在《積善》中，我有分享過上惠姊的故事。

她的名字叫作「上惠」，是「上天的恩惠」的意思。

上惠姊雖然身有不便，依舊很努力。通過身心障礙特考後，她進入三重高中服務，還扶養孩子順利長大，現在孩子都出社會了，很懂事也很孝順。

此外，雖然自己的經濟並不寬裕，但多年來，她每年至少會資助一個貧困孩子的註冊費用，這樣的善行已經持續十幾、二十年了。

讓我印象非常深刻的是，我回母校的每一場演講，她都會準時到場聆聽，跟我打招呼的熱情笑容總是能感染我，讓我也跟著笑了起來。

她善良的心，讓我忘記她身體的不方便。上惠姊是個擁有完整身心的好人。

我永遠記得她跟我說過：「說眞的，我從來不覺得自己是身障人士，因爲我從生病後就是這樣子啦。或許我跟別人好像不一樣，但這就是我本來的樣子，眞正的我。

「我爸爸媽媽幫我取名叫作『上惠』，就是『上天的恩惠』的意思啦。我自己好喜歡這個名字，讓我一輩子都懂得好好感謝上天給予的一切恩惠。我對自己的生命感到很滿足、很幸福。」

同仁的聲音把我拉回現實：「這位大姊人很低調，也很客氣，一直感謝我們出版老師的好書，可以買來送給有緣分的人。她的笑容好燦爛、很溫暖，我們眞的實際感受到，這些書能夠給她力量。

「昨天她又親自來出版社買書，也是訂購了十幾本，還特別叮囑我們說，『許老師的行程很忙，只要他有空路過出版社，順便上來簽書就好，不要讓許老師專程跑一趟。』

「她離開前，還特別要我們轉告，請老師好好照顧身體，不要太勞累。」

聽了同仁轉達的話，我內心有著難以言喻的溫暖感受。

我只是一個肉體凡胎的平凡人，會有在全臺灣各地奔波演講的疲憊，也會有羨慕別人大紅大紫、賺很多錢的情緒，甚至會有懷疑自我生命意義的低潮時刻。

會有的，這些疲憊、情緒、低潮我都會有，因爲我只是一個平凡人。

然而，每當我陷入自我懷疑的逆境漩渦中，總會有這個人或那個人出現，如同劃破黑夜的初陽，充滿光明、充滿希望地指引著我。

我從這些跟我一樣平凡的小人物身上汲取到的力量，不是激昂的、不是興奮的，更不是功成名就的喜悅，而是一種淡淡的溫暖。

縱使在疫情期間，所有演講活動都停擺，各行各業都陷入蕭條低迷之中，我著作的銷售量卻依舊穩定地、緩緩地持續增加，靠的不是話題炒作，也不是權貴富人的灌頂加持，而是來自一個個平凡小人物的支持，一本又一本地堆疊著。

每當我因爲這樣那樣的逆境而停下腳步時，回頭一看，總能望見數以萬計相信我的讀者。這會讓我內心自然湧現一股責任感，驅動著我繼續專注地做內心覺得應該做的事。

在一次次反覆實踐的過程中，我與讀者之間產生一種雙向的支持力量，讓我們感受到自己並不是一個人孤單地活在這個世界上，感受到永遠有人把我們放在心上；更重要的是，無論遇到再大的逆境、低潮或挑戰，我們永遠知道自己爲何而戰。

這簡單、純粹的一念，是讓我一路走來可以持續寫作和演講的活水源頭。

在這次寄給上惠姊的包裹中，我請出版社代爲寄送一個簽有上惠姊名字的「積善」紅包袋，是我送給她的一個小小紀念。

後來，上惠姊依舊持續買書，累計已經超過一百本了。

人與人之間的溫度，無價

出版社爲了服務、回饋讀者，尤其是想要購買我的簽名書的讀者，推出一個長期的優惠方案：只要買我的系列作品，任選十本，就能以親簽書出貨，還能享有七五折、免運費的優惠。

二〇二一年三月，《積善》正式上市前舉辦預購活動，特地擴大在各大網路書店開放限量簽名書，讓更多讀者能夠買到這本新書的作者親簽版。

數以百計、千計的讀者在預購正式開跑日，湧入各網路書店搶購。

期間發生了幾個小插曲，但都是同一個原因：好幾位讀者因爲急忙完成預購，沒看清楚自己點選的內容，選到了非作者親簽版，結果收到實體新書後，才驚訝地發現新書上沒有我的親筆簽名。

讀者立即到臉書粉絲團私訊給我，雖然不是抱怨，畢竟是自己沒有把規則看清楚，但也都表示了失望、遺憾的情緒。

如果你是我，或者說一般的作家遇到類似的事情，會怎麼處理？

其中有幾位讀者甚至說可以自費附上回郵信封，把書寄到出版社讓我補上親筆簽名。

這讓我很感動，內心浮現了一個小小的善念。

我親自跟一個個讀者聯絡，然後自掏腰包買了好多本《積善》新書，一本一本好好地幫這些讀者題上字、簽好名，然後寄給他們。

對於這個解決方案，出版社同仁有些意外、有些驚訝，但很替我的讀者開心。

這每一個買錯的讀者不是一般人，而是眞金白銀、在第一時間預購我新書的忠實讀者（這年頭還願意先付錢，拿不到實體書）。他們已經花錢預購新書，用實際行動支持我，等了一、兩個星期，滿懷期待想要收到《積善》的作者親簽書，我不希望讓他們因爲一個小小的插曲而留下遺憾。

我認爲，人與人之間這種支持與被支持的溫度，是無價的，遠高過一本書的價格。這是我最看重，甚至是唯一看重的事情。

幾天後，讀者陸續收到我的小小心意。

「老師，我要拭淚了，請允許我拿衛生紙。」其中一位讀者馥嘉私訊給我。

「馥嘉可以把手上那本沒有簽名的《積善》送給對你很重要的有緣人，把這份溫暖傳遞出去。而專屬於馥嘉的簽名，是我溫暖的祝福。」我開心地回答。

「一定的，這是我真的很珍惜的寶藏。老師謝謝您，我真的無限感動與感激，今天突然好彩虹，我要來大曬特曬新書耶！」

「這是一個好緣分。」

「真的，謝謝老師，讓我相信好的意念真的真的好重要。」光看訊息，我都能感受到馥嘉的驚喜與開心。

遠超過書本價格的價值

一本書，兩、三百塊，貴嗎？說貴不貴，說便宜也沒有很便宜。

但如果可以用一本幾百塊錢的書，去結一個善緣，貴嗎？我認爲不貴。

如果可以用一本幾百塊錢的書，產生無限的正向可能，貴嗎？我相信這本書的價格在無限正向可能的價值面前，可以完全忽略不計。

這就是我的思想、我的價值觀，也是我看待每一位有緣與我相遇的讀者的生命視角——**每一個小小的善緣，都具有無限的正向潛能。**

講得更深一些，我之所以願意這樣做，其實無關能否增加銷售量，也無關讀者是否會因此感動或感謝我，我只是做了內心覺得應該做的事——去圓滿一個個小小的善緣，去實踐一件件小小的好事，我們心裡自然會湧現並盈滿源自內心太陽溫暖光明的力量。

幫助別人，我們會感到開心，這是很自然的。開心、開心，心開闊了，人生的路就跟著開闊了。這就是所謂的格局——一種珍貴難得，不計較、少算計的好性格。

後來這一個個收到驚喜簽名書的讀者，成了遠比投放臉書廣告效益強大數十倍的口碑種子。講得誇張些，我幾乎可以感受到他們在臉書、ＩＧ和實際生活中，逢人就大聲分享《積善》這本好書。

最後，我想跟大家分享這個小故事最核心的思想。

從表面上看來，好像是我願意自己花錢去圓滿讀者的小小心願，這麼說雖然沒錯，但其中有更值得分享的事。

這幾十位讀者，幾乎每一個我都叫得出名字，幾乎每一個我都知道他們的生命故事。在我心裡，他們不是單純的銷售數字，而是一個個活生生的人，一個個與我有緣相遇的人。

這是我的思想，我的價值觀。

當我們願意把無數有緣相遇的人放在心上，他們也會願意把我們放在心上，這是很自然的，是一種充滿正向力量的溫暖連結。

《積善》這本好書，就這樣累積一個個不起眼的、小小的善緣，在預購期間就賣光首刷的數千本，並在不到一年的時間內賣破一萬本，登上二〇二一年博客來心理勵志類年度百大暢銷書榜。

隔年，出版社通知我，《積善》持續進入二〇二二年博客來的心理勵志暢銷榜，也超過了十刷，一點一點持續熱銷中。

在善緣的無限可能面前，這一切顯得不足爲奇，而是水到渠成、自然無礙。

練習讓自己的每一天有意義

受邀到新北市汐止區的秀峰高中演講。

搭臺鐵到汐止站，一出站，往下走出一樓的穿越層，出現了一條沿著校園圍牆的巷道，很熟悉。原來，我來過這所學校演講。

十幾年來，我去過的學校超過數百所，有些會有印象，有些則不太確定，我往往只專注於今天要去的那所學校。

此外，校園演講有個特點，就是每一年的學生都不同，一屆又一屆，所以學校一再邀請去分享，也是很常見的。因此，我也很難記得一所學校我去過幾次。

今天這個校園旁的巷道有個特色，就是可以從圍籬看到裡面的棒球校隊在訓練的景況。棒球我是外行，看到投手練投時投出的快速球、變化球，覺得超酷的，所以會停留一會兒看校隊練習——我就是對這個畫面有印象，才想起自己來過秀峰高中這所棒球傳統名校。

接待我的淑儀主任一見到我，就感謝我願意再次來到秀峰高中。果然沒錯，這已經是我第三次來到這所學校。

秀峰高中跟我的母校三重高中一樣，都是完全中學，也就是有國中部和高中部，學生的特質、學習特色和難處也有很多共同點，因此，我很容易與同學們產生共鳴，順利、熱絡而圓滿地完成了這場演講。

結束演講之後的合照與簽名環節，淑儀主任送給我一份小禮物——她把我二〇一〇年第一次到秀峰高中演講的照片和孩子們寫給我的心得報告整理成冊，送給我當作紀念。

看著十年前青澀的我，同一個場地、不同的學生，內心很多感觸。這些孩子現在長大成人了，都在哪裡呢？當年的緣分對他們有一點點幫助嗎？他們有成爲對社會有所貢獻的人嗎？

十年後的我，來到同一個場地，做著同一件事，與不同的學生結下一樣好的緣分。

淑儀主任聊到自己近三十年的教職生涯中，我是她印象最深刻的講者之一。過去她邀請過不少講者來演講，很多人剛開始願意到校園分享，成名之後，因為學校給的車馬費太少，往往就不太願意來了。

「十年前邀約許老師時，提到學校只能提供微薄的車馬費，沒想到許老師想都沒想就答應了；十年後的今天，學校再次向許老師提出邀約，沒想到許老師還是立刻就承諾來演講。十年過去了，從只有一本著作《年輕，不打安全牌》的許律師，到現在已經擁有六本暢銷書的許老師，你還是原來那個你，真的讓我們很感動。」

讓自己一天一天往善的方向走

淑儀主任的讚美中，最讓我開心的是「你還是原來那個你」。我依舊是當初老師們認識的、信任的、願意推薦給學生的那個許峰源。

說實話，我之所以第三次到秀峰高中演講，並不是要遵循什麼外在形象、履行什麼外在的誓言。我只是到與我有緣的學校，跟同學們分享，我只是專心地做內心覺得應該做的事。

每個人對成名後擁有的影響力，有不同的價值判斷。有的人著重的是收割、流量變現，換取更多財富及地位。

但我個人更重視的，是責任。

我認爲人一輩子能夠進入一個人的生命之中、活在一個人的心中，是這世上最難也難得的緣分。當我們進入一個人的生命之中，會擁有那個人對我們百分之百毫無保留的信任，而面對這樣的信任，我們內心深處的起心動念，會決定自己到底是一個什麼樣的人。

所以我始終認爲，進入一個人的生命之中、活在一個人的心中，不是勝利、不是功成名就，而是一種責任。

每個人都可以有不同的價值觀，這是個人的自由與選擇，但，也將因爲這樣的選擇，一再重複的選擇，決定了自己生命的走向，這就是所謂的命運。

我接的商業演講報酬，有些可能是校園演講的十倍以上，但我認爲兩者的意義，不是可以這麼膚淺地用金錢來衡量的。

在我看來，商業演講與校園演講對生命的意義是平等的，我只專注地在每一個有緣與我相遇的人心中，留下一顆小小的慈悲力量種子。

跟大家分享一件很玄的好事：根據我自己的非正式統計，過去我每接下一場校園演講，幾乎就會同時接到至少一場商業演講。

尤其在我不刻意安排優先順序的情況下，無論是商業團體或學校，誰先排定一個日期，那天就保留給這個有緣的團體或學校，而經過十幾年的實踐，我的行事曆大致上呈現的，就是商業演講與校園演講各半的比例，眞的很不可思議。

因爲我從不算計校園演講的微薄報酬、從不在意路程的遙遠、從不糾結學生人數的多寡，所以老天爺也自然無礙地幫我安排了一場又一場的商業演講，讓我有飯吃、有衣穿，全家人有著平凡簡單的穩定生活。

或許無法用頭腦邏輯說明或證明，但我深深相信，我不算計、不計較，老天爺對我的好也就不算計、不計較。

人啊，終究算不過天，那就不要自作聰明去算了，老實做事就好，專心做內心覺得應該做的事就好。

二〇二一年十二月三日，我再次受邀到秀峰高中。這次我記得了，這是我第四次來到這所與我有著深刻緣分的好學校。

對我而言，這只是我如常的一天，只是我充滿生命意義、如常的一天。

我只是練習讓自己的每一天有意義，練習讓自己每天都走在命定的人生正途上——既不是往好的方向走，也不是往壞的方向走，而是一步一步、一天一天地往善的方向走。

專注做自己能控制的事，其他就順其自然吧

十幾年前我結婚登記時，是由正遠保險經紀人公司董事長、我的大哥朱水源，擔任媒人，跟我一起南下老婆的臺南娘家提親。

後來辦婚宴時，因爲我阿爸阿母都不在了，就由大哥擔任我的主婚人、證婚人。

十多年過去了，我從小看到大的大哥女兒、也是我法羽幫的學生奕靜準備結婚了，他希望我擔任新郎維均的媒人，爲兩位新人帶來祝福。

我爽快地答應了，覺得這是一個生命延續、傳承的好緣分。

幾個月後，另外一對新人也請我擔任他們的證婚人。這對新人潘恩和家萱都是我法羽幫的成員，我從高中就看著他們一

路成長到現在，因此我也爽快地答應了，覺得能夠參與自己學生的每一個生命階段，很幸福，是難得的好緣分。

我想跟大家分享我給這兩對新人的祝福話語，或許也能對你有所幫助或啓發。

我給新人三個祝福，也可以說是三個叮嚀。

第一，一切都會過去的。

婚禮非常浪漫、熱鬧、圓滿，但不管再開心、再不捨，今天都會過去的，而明天，又是全新的一天。

無論今天收到再多人眞心的祝福，眞實的婚姻生活不全然都是幸福快樂，更多時候是充滿適應、挑戰、矛盾，甚至衝突。

但無論遇到再大的逆境，都要輕輕地提醒自己，一切都會過去的。

我們必須在今天這麼開心、喜悅、平和的日子裡，練習提醒自己，一切都會過去的。

就像學開船一樣，絕對不是在暴風雨的日子學習，而是應該在風平浪靜的日子就開始一點一滴學習各種基本動作，足夠熟練之後，才能增加自己在暴風雨中存活下來的可能性。

很多人總是在遭逢逆境時才開始學習放下，這是來不及的，正向思考在此時效用也不大。

其實，緊抓著痛苦是一種執著，緊抓著幸福也是。因此，當我們願意練習提醒自己順境會過去的，未來就能夠提醒自己，逆境也會過去，無論順境、逆境、幸福快樂、痛苦煎熬，一切都會過去的。

第二，覺察生命中什麼是可以控制的，什麼是不能控制的。凡是不能控制的，練習讓它順其自然。

我們的生命是由無數有形、無形、可控制、不可控制的因緣所組成。而生命中的痛苦，往往根源於想要把本質上不能控制的人事物，變成可以控制。

結婚，從新人的角度來看，或許認爲是他們兩個人自己的事，但婚姻的本質是兩家人，甚至是兩個家族的事，新人只是龐大親族關係網中的一小部分。

新娘以前是兒子的女朋友，現在稱呼爲媳婦；新郎以前是女兒的男朋友，現在叫他女婿；以前叫阿姨、叔叔、伯父、伯母，現在稱呼爲公公婆婆、岳父岳母，這不只是稱呼的改變，更是實質關係的轉化。

然而我們必須提醒自己，每一個人都是獨立自主、有呼吸、有心跳的活生生的人，而人本質上是無法控制的。

老公無法控制，老婆無法控制，媳婦無法控制，女婿無法控制，公公婆婆無法控制，岳父岳母無法控制，甚至未來的子女也是無法控制的。

只要試圖控制任何本質上不能控制的人事物，就是一切算計、戒心、矛盾、衝突的開始。每多想控制一分，彼此就多痛苦一分；相反地，每少控制一分，彼此就少痛苦一分。

這跟一個人的知識、專業、能力、手段無關，而是與世間運轉的規律有關。

每當覺察到一件無法控制的人事物，我們不是失去什麼，反而是得到什麼。我們得到了放下的智慧，一種隨順自然律則的智慧；我們會變得越來越輕鬆自在，與身邊人的關係也會越來越緩和、和諧、協調。

而在不斷覺察、不斷練習順其自然的過程中，慢慢地我們會洞察到，原來這世上幾乎所有的事，都是我們不能控制的，包含福禍、順逆、疾病、身體、壽命、晴天雨天、黑夜白天，一切的一切幾乎都是無法控制的。

明白這一點之後，我們不再需要緊抓住任何人事物，不再需要以被害人的姿態活著，不用覺得所有人都在針對自己，而可以開始輕鬆自在地活著。

第三，生命中所有幸福快樂，都根源於專注做自己能控制的事，專注做內心覺得應該做的事。

知道絕大多數的人事物都是不能控制的，不代表應該感到灰心、沮喪、失望。因爲雖然可以控制的事情非常少，但生命中所有的幸福快樂、成就、價值和意義，都根源於專注做自己能夠控制的事。

例如，我們可以舉起手拿起水杯喝水、可以好好吃飯，這是我們可以控制的事。

這些看似很簡單的日常動作，其實並不簡單。

試想一下，我們眞的能夠在任何生命的境遇或風暴中，都好好吃飯、好好睡覺嗎？

這需要長期、穩定、深度地去覺察生命中一切可以控制和不能控制的人事物，並隨時提醒、訓練自己無論面對任何不可控制的處境，依舊可以專注地做當下能夠控制的事。

這樣的能力，對我們的生命有何重要性呢？

擔任媒人、證婚人，看著整個迎娶過程，讓我印象最深刻、最感動的時刻，是新娘跪別父母的時候。

無論事前如何提醒自己要冷靜、要理性，當迎娶的時刻到來，眞的跪下去拜別父母那一瞬間，無須準備、無須排演，我們的心自然會滿盈情緒，眼眶自然紅了起來，眼淚自然落了下來，甚至完全不知道自己爲什麼會這樣。

這個瞬間，是超越所有言語、邏輯、念頭的靜默時刻，是我們眞正生而爲人的時刻，是我們內心太陽閃耀的瞬間。

沒有爲什麼，因爲，我們都是活生生的人。

跪別父母那一瞬間，包含了太多太多對父母養育之恩的感謝。我們會想要好好孝養父母、回報父母的恩情，我們內心明白這是應該做的事。

就像當初母親抱著懷中那個嗷嗷待哺的孩子，她在那一瞬間內心會自然湧現一種情緒，深深感受到這孩子的幸福就是她一生的責任。

不可思議的是，從小到大，聽到「責任」兩個字，我們的直覺反應就是壓力、負擔、逃避，母親卻隱約感受到，去履行這個生命責任，竟然也是自己一輩子的幸福所在。

母親或許無法像作家一樣用文字描述這樣的內心情感，但她就是感受得到，她的一輩子不是爲了自己一個人活，她是爲了子女而活在這個世界上，只要子女過得幸福快樂，她就會感受到同等、甚至更大的幸福快樂的反饋。

母親的一輩子就是這樣奉獻自己、爲了利益子女而活著。旁人看來或許覺得母親很傻，但事實上她很幸福，因爲她做了內心覺得應該做的事。

無論是父母養育子女，或是子女孝養父母，都是自然的善良人性。這無關貧富貴賤、高矮胖瘦，而是我們每個人內心都擁有的那個充滿向善力量的太陽。

世上任何一個人生命中的關係，都是從與父母的關係開始，然後往外擴展，擴及夫妻、家人、親人、朋友、同事，以及同存於世的其他所有人。我們彼此之間有著或深或淺的生命連結，交織出一張疏而不漏的生命之網。

白天黑夜、晴天雨天、心情好壞，這一切都是我們無法控制的。我們唯一能控制的，就是將內心善的起心動念付諸行動，去善待另一半、公公婆婆、岳父岳母，善待每一個有緣與我們相遇的人。

至於對方是否會感恩在心、回報我們，這是無法控制的，我們只是練習單純地對人好。

我們唯一可以控制的，就是持續感受善念、實踐善念、累積善念。這一切只跟我們自己這輩子到底想要成爲一個什麼樣的人有關。

然而，生命有著玄妙的自然律則，就是每個人的幸福快樂，和他人有著或近或遠、或深或淺、或隱或現的依存關係。當我們的存在本身給身旁的每個人帶來痛苦時，我們是不可能幸福快樂的；相反地，如果我們的存在可以爲身旁的每個人帶來幸福快樂，我們一定是那第一個感受到幸福快樂反饋的人，就像我們的母親一樣。

終有一天我們會體悟到，生命中所有的幸福快樂、成就、價值和意義，都根源於自己能夠在任何生命處境中，讓無法控制的一切順其自然，並專注做我們能夠控制的事，專注做我們生而爲人的事，專注做我們內心覺得應該做的事。

人要好好活著，靠的是過往累積的幸福回憶

隨著年歲增長，我也開始參加親人、長輩、朋友的告別式。

每次坐在告別式會場，看著大官、政治人物或社會顯達致送的輓聯、高架花籃，看著淚流滿面的家屬，看著肅穆哀戚的親朋好友，我總會陷入某種無以言狀的深思。

現場的每一個人想起這位往生者，內心到底會浮現什麼樣的故事？

當年在辦阿母告別式的過程中，我心裡總會浮現一個畫面。雖然一直不知道爲什麼，但它總是自然浮現，讓我內心盈滿溫暖，消融了不捨與哀傷。

一個溫暖的回憶，為我注入面對母親離世的勇氣

聽過我分享的讀者就知道，我阿母的身材很可愛。她只有一百五十公分高，卻有七十八公斤重，圓滾滾的，看到卡比獸都會一直聯想到阿母。

小時候的我，最喜歡整個人趴睡在阿母渾厚而有彈性的大肚子上。

後來有一次在動物頻道，我看到小熊貓也會整個趴睡在大熊貓媽媽的肚子上。

即使後來長到一百八十一公分高，我依舊會整個人趴睡在只有一百五十公分高的阿母的大肚子上，雖然這個畫面有些不協調、有些搞笑……

尤其是心情煩悶時，躺在上面會有一種穩定、和緩下來的平靜感受。當然，這更是一種我對阿母全然的、幸福的依賴。

很小的時候，忘記多小，應該還沒上小學吧，有一次我半夜在阿母的肚子上醒來，因爲肚子好餓好餓，便哭喊著肚子餓。被我吵醒的阿母沒有不耐煩、沒有生氣，而是輕輕地抱著我、安撫我後，挪動圓滾滾的身子，起身離開床，走進廚房。

隔沒多久，她煮好了一碗白粥，上面撒了很多肉鬆。

因爲粥很燙，阿母花了一段時間慢慢吹涼，然後把肉鬆跟粥攪和在一起。一旁的我瞪大眼睛瞅著，不斷嚥著口水。

看到我的模樣，阿母笑開來，用湯匙舀了一口，靠近嘴邊再吹吹，然後餵給我。吃到白粥配肉鬆的我，也笑開來了。阿母一口一口地餵，一邊輕摸著我的背，要我慢慢吃，不要燙著了。吃完整碗白粥配肉鬆後，我開心、滿足地又躺回阿母的大肚子上，睡著了。

就是這樣一個小小的、平凡簡單的故事。

或許在旁人看來沒有什麼，卻不斷浮現在我心中，盈滿溫暖與力量，讓我可以回憶阿母的慈愛，也為我注入面對母親離世的勇氣。

我在參加每一場告別式時，想到的都不是往生者活著時的豐功偉業，而是他與我之間一個個平凡簡單的相聚、互動、對話。

這讓我慢慢體悟到，世俗的功成名就，其本質在某種程度上是虛幻的，因為再大的成功、成名和成就，其實跟我們沒有什麼直接關係。

與每個有緣相遇的人共同累積幸福的回憶

不知道你有沒有過類似的經驗？

就是當一個人離世時，無論對方在世的時候跟我們有什麼樣的爭執、過節、不快，參加他的告別式時，我們的心會自動過濾那些負面的記憶，自然浮現的，往往是那個人好的一面。

甚至，我們會產生淡淡的遺憾情緒，覺得爲什麼不趁人還活著時，早一點和解、和好，明明沒什麼大事啊，還有比死還大的事嗎？

這也讓我體悟到，那些負面的衝突、矛盾、糾葛記憶，其本質在某種程度上也是虛幻的。

因爲負面的力量雖然強大，卻禁不起生死的考驗。人死了，一切就過去了、放下了。

在死亡面前，所有事物的本質都將顯現，我們會頓悟，這世上一切人事物，到底什麼是眞的、什麼是假的。

只有那些平凡簡單的幸福快樂回憶，才是眞實的，才能一直鮮明地、活生生地存在，甚至穿越生死。

我現在慢慢明白，原來阿母留給我的那一碗白粥配肉鬆的回憶，那一直道不清、說不明的溫暖感受，就是所謂的愛。

那麼，現在還活著的我們，到底曾經留給最愛的家人、朋友，甚至無數有緣相遇的人，哪些平凡簡單的幸福回憶呢？

這是一個人生的大哉問。

談得更深些，生而爲人，活著一輩子最重要的到底是什麼？人啊，到了一定年歲後會慢慢明白，一個人要好好活著，靠的不只是銀行裡的存款，更重要的是必須依靠過往累積的平凡簡單的幸福回憶而活著。

這對我們的身體健康、心靈健康，對身心的平衡、穩定和平靜都是如此。

那現在的我們每一天都在忙些什麼呢？

現在的我每天只專注做好一件事：**善待每一個有緣相遇的人，共同累積一個個小小的、平凡簡單的幸福回憶。**

我只是一個字一個字地寫著、一場演講一場演講地講著，祈願自己的一字一句、一言一行能夠進入與我有緣的讀者心中，帶給他們溫暖、力量，以及幸福快樂的回憶。

我只是不斷地練習讓自己的每一天有意義。

一個簡單的好人，一點都不簡單

決定成爲作家時，我明白自己並沒有大文豪的天賦、沒有奮筆疾書的靈感，但我有像武士道一樣的專注力、恆毅力。

我願意老實地一個字一個字慢慢寫著，一場又一場校園演講慢慢講著。我相信每寫一個字、每講一場演講，都會有極細微的進步、成長、體悟，我信仰的是長期持續累積的價值力量。

這世上成功的路或許有千條萬條，我只願走那條看上去笨，實際上卻踏實的路。

在寫了破百萬字，出版了六本書，完成了數百場校園演講後，我有個珍貴的生命體悟想跟大家分享。

就從一個小故事說起吧。

二〇二二年十一月十二日，我來到臺北市雙溪國小演講，對象是學生家長。這是一所位於外雙溪深山裡的學校，從捷運士林站出來後，還要搭將近四十到五十分鐘的車。

當初接下這場演講時，我就知道這是一所每個年級只有一個班的極小型學校。加上疫情管制，家長平日無法進入學校，於是校方第一次嘗試把親職講座辦在星期六假日。而由於約略有半數的家長居住於學區外，以我的經驗，演講當天眞的能夠來到現場的人數恐怕不多……

當時我正在忙碌地巡迴演講，尤其進入後疫情時代，很多大型的商業演講擠滿我的行程表，每一場都超過數百人，甚至上千人，極爲盛大熱鬧。

如果你是我，在享有些許世俗財富、掌聲和知名度後，還會願意在極爲繁忙的行程中，犧牲假日一大早難得的休息時間，專程跑到深山裡，向人數眞的不多的家長演講、分享嗎？

在怠惰、掙扎、猶豫的情緒短暫浮現後不久，我就承諾接下這場演講。

演講當天天氣挺好的，我起了個大早，七點半就到了捷運士林站。出站後在麥當勞吃早餐，八點十五分跟恩珠老師會合，一同前往雙溪國小，準備在早上九點半與家長們分享。

抵達後，發現這是一所很美的深山學校，而且有個特色：因為依山而建，到各個教室都必須爬上爬下，所以孩子們從小一入學後，就開始學習爬樹、爬山，甚至拿鋸子動手做木工；到了高年級，就會正式進行為期數天的攀登高山、野外宿營等挑戰行程。

沒錯，雙溪國小是一所山林冒險與生態探索的特色學校。

我進入充滿山林氛圍的圖書館，準備演講。

一直等到九點半要開始前，總共來了五位家長和一個小男孩。破例多等了十分鐘，還是只有五位家長……

恩珠老師臉上帶著歉意，但我並不意外，告訴她，沒事的，我們就這樣開始吧。

演講開始不到五分鐘，其中一位家長就離席了，原來，他只是送老婆與孩子來，還要趕回去開管委會。就這樣，只剩下四位家長，還有恩珠老師，和一個在後面遊戲區玩耍的小男孩。

這個場面，與前一天晚上在高雄林皇宮三商美邦人壽近千人的演講，落差真是不小啊……

如果你是我，心情會不會受到影響？會不會有受挫、失落，甚至尷尬的情緒呢？

但，我幾乎沒有受到這些負面情緒的干擾，依舊平靜地、專注地、好好地分享我的生命故事，足足講了兩個小時，圓滿了這個好緣分。

演講結束後，家長與恩珠老師圍繞著我，分享他們的感受與獲得的力量，足足又聊了一個多小時。這種親切、眞實的互動，讓一開始的負面情緒消融無蹤，我內心有種撥雲見日的溫暖感受，讓我下一次更願意到偏鄉學校去演講、分享。

今天又是充滿意義的一天。我只是不斷練習讓自己的每一天有意義，我只是做了內心覺得應該做的事。

這就是我想跟大家分享的珍貴生命體悟。

我們每天都會有無以計數的念頭，好的念頭、壞的念頭、善的念頭、惡的念頭，這是很自然的。

當內心的善念變多了，惡念就少了，因爲，光明與黑暗無法並存。

經歷過數百場校園演講，無數的孩子、老師、家長給我的正向回饋，讓我感受到自我生命的價值、意義與力量，這是一個生命影響生命的過程。我深深體悟到，可以到學校與無數師生家長分享，是一個好緣分、是一件好事，是我內心覺得應該做的事。

這給了我一種內在驅動力量，讓我願意接下一場又一場的校園演講，而我內心的善念力量也在一場又一場演講的過程中，自然地累積著、強化著。

或許其中某些學校因爲偏遠、因爲人數、因爲校方的態度，讓我內心浮現了怠惰、掙扎、猶豫的情緒，但慢慢地，這些負面情緒只是像一縷浮雲顯現，然後飄過，再也無法遮蔽我內心那充滿向善力量的太陽。

這一切與外在世界的物質、掌聲或任何人都無關，只跟我們自己的心境有關，只跟我們自己到底是一個什麼樣的人有關。

這是一種類似武士道的精神力量，就是不斷叩問自心、直面自心，毫無雜質、不受干擾，純然專注地做著內心覺得應該做的事。

經過一次次的實踐、反饋、感受，我們會慢慢擁有廣闊的光明心境，就像萬里無雲的晴空。我們成爲了一個更好的人，一個簡單的好人。

我的第四本書叫作《做一個簡單的好人》，所以常常有讀者私訊問我，到底什麼是一個簡單的好人？

其實做一個簡單的好人，一點都不簡單。

一個簡單的好人，他心裡跟每個人一樣，都有著無數或好或壞、或善或惡的念頭；不同的是，因爲過往累積了善的生命經驗，他內心好的、善的念頭比一般人多了

很多，自然就少了許多壞的、惡的念頭來干擾。

此外，善的生命經驗強化了他的內在驅動力量，讓他能夠不猶豫、不掙扎地把握一個個隱微的、好的起心動念，並勇敢、無畏地付諸行動。這個過程對他來說很簡單，甚至是像武士刀一樣鋒利、直覺。

當別人還停留在猶豫、掙扎，還卡在各種算計之中，他早已完成了一件件好事，圓滿了一個個好緣分。

他身與心之間的距離會不斷靠近，從起心動念到付諸行動，過程會不斷簡化、不斷純粹，最後進入身心一體、內外統一的生命境界，擁有了無限的正向感染力量，因爲眞實。

做一個簡單的好人，其實一點都不簡單，是需要一輩子自我修練的功課，是生命境界提升的法門，是一條讓心靈平靜的回家之路。

轉運造命的向上螺旋

這世上絕大多數人，都把命給活反了。

很多年前我就聽過一段話：「決定人一輩子的，有五件事：一命、二運、三風水、四積陰德、五讀書。」

年輕時的我對此的理解是，這五件事代表優先順序，也就是決定人一輩子成敗的關鍵，第一是命，第二是運，第三是風水，第四是積陰德，第五是讀書。

這樣的解讀帶有某種程度的宿命論，彷彿人一出生命運就已注定。

但隨著生命閱歷的深化，我對這段話有了截然不同的認知，甚至慢慢體悟出蘊藏其中的生命智慧。

命運可以改變嗎？

很多人並不知道什麼是命、什麼是運。

命，指的是一個人累世的性格、習性、品格。

運，指的是一個人一輩子會遇到什麼樣的人事物。

用白話文說，命就像一輛車，運則是這輛車會開在什麼樣的道路上。

命和運沒有絕對客觀的好或壞，而是必須搭配、平衡。

就像賓士車如果開在積水的泥地上，或是越野車行駛在平坦筆直的高速公路上，兩者都無法徹底發揮自己命和運的潛能。

因此俗語說，一人一款命，每個人都有自己累世的命，都有此世要面對的運。

人一生所有的際遇可以概括為命、運兩個字，而人一輩子努力的方向，就是轉運造命。

那要如何轉運造命呢？

這就要回到一開始提到的那五件事：一命、二運、三風水、四積陰德、五讀書。

人為什麼要讀書？很多人以為是為了考試、考取證照、找工作、賺大錢。其實不是。

讀書，是爲了接受教育，成爲更好的人，是爲了培養足夠的技能與專業能力，可以去幫助別人，也就是積陰德。

累積了足夠的陰德後，人的氣質、氣場會慢慢變好，而一個人的氣場就是他的風水。當風水轉好了，一個人的運就跟著改了。

而人的運改了，連命也會跟著轉化。

換言之，這五件事代表的不是悲觀的宿命論，反而充滿積極、樂觀的智慧，蘊含著轉運造命的密碼。

可惜的是，絕大多數人雖然都有接受教育、都有讀書，卻只願意爲了自己的利益而努力、付出，不願意伸出援手幫助別人。

所以終其一生，他們的生命只能停留在最低的第五層次，讀了書之後只會不斷謀畫算計、汲汲營營，抱怨懷才不遇，責怪老天不公不義。

甚至，有些人根本把自己的命給活反了，不斷找高人算命、改運、看風水，期待透過玄學、師父、符令、擋煞、水池、桌椅擺設等，去改變自己的命運。但，命眞的改了、運眞的變了嗎？這一切是可以控制的嗎？

轉運造命的關鍵密碼掌握在自己手中

講得更深入一些。

生命是由無數有形、無形、可控制、不可控制的因素所組成，真正決定我們命和運的，往往是那些無形的、不可控制的因素。

不過，雖然無形的、不可控制的因素具有決定性的強大力量，但不代表我們在命運面前永遠只能是輸家。我們依舊掌握著轉運造命的關鍵密碼。

仔細觀察「一命、二運、三風水、四積陰德、五讀書」這五件事，我們會發現，命、運和風水是無形、無法控制的，唯一有形、可以控制的，就是讀書這件事。

讀書是必要的，但只有讀書還不夠。

這時就要提到轉運造命的關鍵密碼：積陰德，也就是積善。

積善的力量雖然無形，卻是可以控制的，因爲我們可以自己決定要不要伸出援手幫助他人。

更精準地講，無論貧富貴賤、高矮胖瘦，**這世上我們唯一能控制的，就是自己可以決定要成爲一個有能力幫助別人的好人。**

這個看似平凡的生命體悟與誓願，是開啓無盡福德智慧的根源。

讀書，不單是爲了求得功名利祿，而是爲了培養、鍛鍊幫助別人的本事。

當我們願意將善的起心動念付諸行動時，生命境界就從第五層次的讀書，進入了第四層次的積陰德。

在實際幫助別人的過程中，我們會慢慢感受到自我能力的不足，會願意回過頭繼續學習、繼續磨練，進而可以幫助更多人；然後遇到更大的挑戰後，再回過頭繼續進化、成長，再去幫助更多的人。

這會開啓一種自我成長的向上螺旋，不斷在生命的第五與第四層次來回，累積能量，這個能量就是俗稱的福報。

當向上螺旋的能量累積到某個神祕的臨界點時，我們會更願意放開心胸去幫助別人。於是，整個人的氣質、氣勢、氣場都不同了，甚至連面相都不一樣了，這就是俗稱的相由心生。

氣場，就是風水。當我們的氣場改變，風水就改變了，進入了生命境界的第三層次。

很多人以爲所謂的風水，指的是依山傍水、地理方位、財位擺設、擋煞、魚池等，但其實**風水指的是我們與自己的關係、與生命中有緣相遇的人之間的關係，甚至是與上天的關係。**

關係好，風水就好；風水好，關係就好。這是相互影響、一體兩面的。

當我們整個人的氣場變了、風水改了，就會有無數的人願意接近，跟我們在一起；加上過往累積的善行，願意支持我們、回報我們的人會越來越多，連老天都會護佑我們，在關鍵時刻給我們好運氣。

我們的生命會有越來越多好事發生，簡單講，我們改運了。而開始遇到不一樣的人、做不一樣的事、過不一樣的人生之後，我們會慢慢變成一個不一樣的人，一個平凡簡單的好人。

我們的命，也就跟著變好了。

轉運造命，不是讓我們擁有外在的功成名就、賺大錢、成大業，而是擁有慈悲、智慧、平常心，去看待生命中的一切順境、逆境、無常、苦厄。

甚至，當我們的心境轉化了，外在的所有拂逆、苦難、病苦、生死，都不再能夠干擾、困擾我們。

年輕時，我總以爲轉運造命，要轉化的是外境；現在我慢慢體悟到，原來眞正要轉化的，是我們的心境，讓自己成爲一個更好的人，一個眞正願意心存善念、願意爲了利益無數人而活著的簡單的好人。

運隨心轉，命隨心造；心念，即是命運。

最後，跟大家分享《積善》這本書裡的一段話：「我的生命不是往好的方向走，也不是往壞的方向走，而是往善的方向走。我不積財也不積名，只是積善。我生命的改變，就從積善的心念開始。」

Part 3

好運氣，來自好的生命態度

穩穩地接住自己，接受自己

五歲大的侑倫站在客廳的米黃色FENDI沙發上，作勢要跳下來，大喊著：

「媽媽要接住我喔！」

媽媽站在溫暖的土耳其頂級地毯上，好氣又好笑地伸出雙手。

侑倫跳起來抱住媽媽，雙手環抱媽媽的脖子、雙腳夾住媽媽的腰，母女倆緊緊抱在一起，緩緩地轉圈。

雖然有著中性、甚至有些男性化的名字，但侑倫其實是個女孩。

媽媽是國際知名的時裝設計師，她希望侑倫長大後，可以像自己一樣成爲專業且經濟獨立自主的新女性。

從小看著媽媽畫服裝設計圖、剪裁服飾，侑倫與妹妹也喜歡畫衣服的圖、剪媽媽用剩的布，有模有樣地幫芭比娃娃做衣服。

服裝設計師對布料往往有著深厚的情感，侑倫媽媽也是，她尤其喜歡搜集珍貴、罕見的布料。

有一次，小學三年級的侑倫在媽媽的工作室發現一塊很特別的布料，摸起來好滑順，還有淡淡的靛藍色光澤。

她覺得超適合用來幫芭比娃娃的男朋友肯尼製作一件西裝，於是興高采烈地動手了。

當天晚上，媽媽結束一場服裝發表會後回到家，侑倫很興奮地把自己的作品拿給媽媽看。

媽媽一眼認出那塊特殊面料的質地與顏色，頓時愣住了，內心翻湧著震驚、心疼、憤怒的情緒。

那是有著「世界面料之王」「地球上金錢所能買到最好的面料」稱號的英國SCABAL頂級布料，而她收藏的這塊，是全世界剩不到十匹的其中一匹，其價值已經無法用價格來衡量。

侑倫感覺到氣氛不太對勁。

小學一年級的妹妹在一旁也有些嚇到，想起自己過去偷剪布料，媽媽都會大發雷霆，屁股被揍到開花的可怕記憶。

整個氣氛凝結了大約三分鐘，雖然依舊可以感覺到媽媽的惱怒，但媽媽蹲了下來，接過侑倫手中穿著她爲他製作的西裝的肯尼，看了好久，然後問了一些剪裁的細節。沒多久，媽媽的情緒冷卻下來，還笑了。

這時，換妹妹哭了起來，大聲說著：「媽媽每次都不公平，都對姊姊偏心。每次都是我挨罵、挨揍，姊姊都沒事。」

媽媽安撫著妹妹，也剪下那塊面料的一部分讓妹妹去創作，妹妹才破涕爲笑。

這個夜裡，母女三人就這樣哭著、笑著、嬉鬧著，坐在客廳地毯上一起設計、剪裁服裝。

後來，媽媽開始讓兩姊妹接受正式的繪畫、服裝設計等專業訓練。

雖然沒有爸爸，但母親堅毅、自律、好勝的性格，加上優渥的收入，撐起了這個家，讓侑倫與妹妹從小接受最好的、嚴格的教育，也過著溫暖幸福的生活。

面對生命的轉折，選擇承擔責任

侑倫一直覺得自己很幸福，尤其是可以一步步成爲像媽媽一樣好的時裝設計師。

直到她即將從實踐大學服裝設計系畢業時，生命有了突如其來的轉折。

因爲成績好，侑倫很早就規畫要出國念書，大四就已經確定申請到倫敦藝術大學時裝學院、紐約帕森斯設計學院和米蘭歐洲設計學院這三所世界最頂尖的時裝設計學校。

但，媽媽生病了。

媽媽一直抱怨這裡痛、那裡不舒服，侑倫陪她到醫院檢查，結果卻顯示一切正常。

媽媽依舊喊著身體不舒服，母女倆跑了許多家醫院，檢查的結果依舊顯示正常，沒有任何生理疾病。

最後，醫生轉診給身心科，才找到了原因。

原來，媽媽罹患了中度憂鬱症。

手上拿著媽媽的身心障礙手冊，侑倫內心浮現非常不眞實的感受。眼前的媽媽，那個一肩扛起這個家、無比堅強的媽媽，生病了，頭髮漸漸白了。

半夜裡，侑倫呆望著書桌上那三張入學許可通知書，還有媽媽的診斷證明書、身心障礙手冊，眼眶濕了，淚流了下來。

「『夢想往往指的是活在這個世界上可以去做自己喜歡、熱愛做的事情，但所謂的責任，往往沒有喜歡或不喜歡，只有應該或不應該。』許老師書裡的這段話，就是我當時內心最眞實的感受與指引。」

就在這個夜裡，她做了一個決定：留在臺灣照顧媽媽。

這個決定沒有什麼喜歡或不喜歡，但侑倫知道，這是她內心覺得應該做的事。

爲了一面照顧媽媽，一面賺錢，侑倫考進臺北一所知名的私立貴族小學。

但媽媽的病情時好時壞，嚴重的時候甚至會自殘，進出醫院已經頻繁到急診室的醫護人員都認得她們母女了。

同樣優秀的妹妹，隔年也順利考取法國的ESMOD服裝設計學院。

爲了成全妹妹的夢想，侑倫一肩扛起照顧母親的責任。每天家裡、學校忙得蠟燭兩頭燒，尤其是媽媽時時刻刻的負面情緒，讓她感受到龐大的壓力、挫折與疲憊。

爲了擁有更多照顧媽媽的時間彈性，幾年後，侑倫決定辭去私立小學的教職，到坊間的安親班任職。

但媽媽在確診憂鬱症後，原本事業女強人不好相處的性格，變得更難搞了。

「剛開始，我盡量滿足媽媽的需求，陪著她逛市場、看電影、去百貨公司購物，但只要我晚下班，媽媽就賭氣不吃飯；如果休假日跟朋友相約出門，媽媽竟然就整天不吃飯。我出門時再也無法開心自在了，總是提心吊膽，回到家還要安撫媽媽的情緒，好言相勸地拜託她吃東西。

「有一天我受不了，跟媽媽說：『你又不是小孩子，為什麼不能照顧自己呢？』媽媽情緒激動地說：『我就是小孩子！我就是小孩子！你要像照顧小孩子一樣照顧我，這就是報恩！你懂不懂？你的生活就是要照顧我！』媽媽坐在地毯上哭了起來，像孩子般踢著雙腳。

「我很喜歡旅行，有一次，幾位好友約我一起去東部，看秋天的金黃稻穗。媽媽當然不准我出門，一下子說我工作這麼累，應該好好在家休息；一下子說火車很危險，會出軌。最後她對我說：『好啊，你出門不要管我，等你回來後，看我死了沒。』媽媽不只是小孩子，還是一個任性的孩子。

「曾經有段時間，我覺得自己不是照顧者，而是母親的囚犯。囚犯與照顧者同樣不自由，卻有些微的差異——囚犯犯了罪，必須受刑罰；照顧者雖然沒有犯罪，卻因心有愧疚，也在受刑罰。」

後來，侑倫媽媽的病情惡化了，陸續被診斷出高血壓、糖尿病等慢性病，還在腦部發現腫瘤。

進行腦部腫瘤手術後，媽媽的情緒控制和智力受到損傷，而且天天都得服用大量藥物，心情一直很低落。

有一天夜裡，侑倫聽到媽媽在房間裡嚎啕大哭。

她趕緊進房查看，發現媽媽抱著自己的服裝設計作品集，痛徹心扉地問她，人爲什麼會生病？人爲什麼會變老？老了爲什麼這麼悲哀？

「媽媽是家裡最老的，沒人能回答她的問題，而她只會比老還要更老。

「這時的我，彷彿拿著一根蠟燭站在漆黑的暗夜，以爲可以照亮整個世界；又或者是我專注凝視著微弱的燭火，便以爲看見了光亮，卻忽略了那無邊無際的黑。而此刻一陣風吹來，吹熄了蠟燭，我覺得寒冷、孤獨、絕望與愧疚，於是也跟著媽媽一起哭了出來。」

那個願意接住自己的人

人的一生，總會遇到某些讓我們毫無抵抗力的艱難時刻。

遇到的時候，我們的第一直覺反應往往是逃避，可能想要躲在棉被裡面或枕頭下面，希望這一切都沒有發生，可以回到完美的上一刻。

不要責怪自己，這是人性，很正常的。但只要給我們一點時間、只要讓我們喘過氣來，我們就會明白，只要還有一口氣活在這個世界上，再爛的牌終究也得打下去，這就是人生。

就這樣，雖然很辛苦，侑倫也慢慢適應了照顧媽媽的生活。

這幾年，媽媽有時狀況還不錯，會變回原來的慈母，到菜市場買菜，做飯給侑倫吃，還會試著抱起已經高她一個頭的侑倫；有時也會像侑倫小時候那樣，站上沙發，作勢往下跳，要侑倫穩穩接住她，讓侑倫好氣又好笑。

媽媽總是喜歡問：「我的寶貝女兒會永遠像這樣穩穩接住媽咪嗎？」

侑倫也總是像安撫孩子一樣，用甜美的聲調回答：「當然會，我會永遠接住媽咪的。」

「照顧者對被照顧者的態度變化萬千，有時媽媽是我幼小的女兒，有時是慈愛的母親，有時是頑皮的學生，而我有時哄著她，有時跟她撒嬌，有時則毫不妥協地下指令。要發自內心地真誠，又要唱作俱佳地表演，還要整理自己錯亂的情緒，這一切都是日常。」

讓侑倫印象最深，也最受驚嚇的一次，是有天傍晚接到媽媽的電話，她用顫抖的聲音說自己現在站在頂樓的女兒牆旁，想要往下跳，她很害怕……

在安親班上課的侑倫背脊發涼，心臟差點停止跳動，立刻搭上計程車趕回家。

一回到住家樓下，侑倫驚呆了，滿滿都是人，警車、雲梯消防車、救護車，連充氣軟墊都已經就位。

她立刻衝上頂樓，看見媽媽穿著自己設計的靛藍色洋裝，面靠著女兒牆站著、呆望著。

聽到侑倫的呼喚，媽媽頓了好幾秒，緩緩地轉過頭來，看著侑倫。時間彷彿凍結了好一會兒，接著突然間，媽媽好像回過神，眼眶紅了，嘴角泛起微笑，轉過身面向侑倫伸出雙手，作勢要往她身上跳過去。

侑倫立刻衝了上去，用盡全部的力氣緊緊抱住媽媽。

「謝謝寶貝，謝謝你接住了媽咪。」媽媽夾雜著害怕、驚慌、得救、放心的情緒，哭了起來。

母女倆抱頭痛哭。

「媽媽等待那個願意接住她的人，不知道等了多久，終於確定有人會接住自己，也就不再墜落了。」

學會照顧自己，接受自己

那次之後，侑倫媽媽好像有了一股很難說明白的勇氣，有幾分當年一肩扛起整個家的那個女強人的精神力量。爲了寶貝女兒，她開始願意積極接受各種身體和心理方面的治療。

雖然情況沒有完全好轉，但也一點一點逐漸沉澱、穩定下來。

「曾經我也不知道自己的存在到底是讓媽媽變得更好，還是變得更差。在一次次的爭吵衝突後，甚至會產生『爲什麼要活得這麼累』的念頭。加上社會輿論對照顧者的種種要求、苛求，甚至指責我是加深媽媽情緒低落的原因，讓我陷入很大的自我懷疑，或者說是產生心魔。

「後來讀到許老師書中的一段話：『**我們會痛苦，是因爲拒絕受苦；我們不再受苦，是因爲相信痛苦中有路。**』這給我很大的啓發與領悟。我決定停止譴責自己，承認自己的脆弱與無力。原來我的痛苦來自不能接受已經發生的現實，包含這樣的母親與這樣的自己。」

在社會輿論的壓力下，照顧者很可能會產生自我懷疑、自責、內疚等負面情緒，不但讓自己深陷痛苦的泥沼，也無法給予被照顧者妥善的協助。所以要記得，其實是疾病，而非我們讓被照顧者陷入低潮、失落的情緒，不必把一切攬到自己身上，更沒有必要耗費任何能量去活在別人的嘴裡。

更重要的是，**在能夠照顧好別人之前，一定要先學會照顧好自己。只有先照顧好自己、滿足自己身心靈的需要，我們才有足夠的能量去照顧別人、保護別人。**

就像搭飛機遇到缺氧事故，最正確的選擇是先給自己戴上氧氣面罩，再幫孩子戴。如果順序倒過來，反而可能讓大人跟小孩都陷入更大的危險。

侑倫慢慢練習看淡自己，提醒自己沒有那麼偉大，不是每件事都是自己的錯；練習讓自己的心與一切外在處境保持距離，這個心的餘地很關鍵，讓她開始關注並滿足自己的需求，提升自己的能量儲備。

接下來的路很長、很遠，所以不用急，慢慢來，一步一步走下去就好。累了，就休息一下，吃好、睡好、休息好，再上路，練習讓自己、讓一切慢下來。

我們的心，會在保持距離、慢活的過程中，逐漸沉澱、平靜下來。外在的狀況依舊，但平靜的心就是痛苦中的出路。我們不再浪費能量去掙扎、去抗拒，而是接受了，並從接受的過程中去看見、去處理當下能夠做的事。

「『要相信人有無限接受苦難的潛能，每一個苦難的發生，都是必然的，但也必定有其隱藏的積極意義存在。過程或許痛苦、難熬，當我們帶著苦難傷痕繼續前進時，必定會見證到苦難埋藏的幸福種子開花結果的那一天。』在冬天深夜讀到許老師書裡的這段話時，我默默流下了眼淚。不是悲傷、不是難過，而是充滿力量的溫熱。」

在積極接受治療與侑倫的細心照顧陪伴下，媽媽的狀況越來越穩定，少了些嚴苛、挑剔、尖銳，臉上多了柔和的線條、孩子般的稚氣，以及不變的母親的慈悲與愛。

「這十幾年來，我付出了很多，也得到很多。雖然辛苦，但我也享受到了和媽媽在一起的親密時光。我感受到自己很愛媽媽，媽媽也很愛我。我學會了接受好的，也接受不好的；我沒有逃避，選擇接受。因為責任，我擁有了持續前進的韌性；因為承擔，我變得勇敢、自信。

「謝謝許老師聽我分享自己的故事，謝謝許老師的書接住了我，讓我有力量接住媽媽，也願意在教學路上接住其他可能墜落的孩子。而且，我慢慢體悟到，原來最重要也最困難的，是穩穩接住自己，也就是接受我自己。」

到了數十年來的同一天，媽媽對侑倫說：「寶貝，都準備好了嗎？今年媽咪的身體好多了，可以跟你一起上山祭拜你天上的媽媽，我最愛的姊姊。」

侑倫的父親在她一歲多時因車禍離世，母親在她四歲時也病故了。

現在的媽媽是她親生母親的妹妹，她的親阿姨。

而把侑倫扶養長大的媽咪，也在二〇二三年三月初，因腦癌引發全身器官衰竭，在安寧緩和醫療的照護下，尊嚴、平靜、安詳地離世了。

勝人者有力，自勝者強

出版社會議室的長桌上擺滿數百本我的著作，封面一一翻開，一落一落堆疊好。我如常坐在會議室裡，準備簽書。

同仁將收到的團購單一張張整理好，讓我知道是哪裡來的緣分，也讓我知道讀者有什麼特別的需求或備注。

我仔細翻閱十幾張團購單，其中一張的寄送地址吸引了我的目光——寄送地址是桃園女子監獄、臺中女子監獄、花蓮女子監獄，共計一百本《做一個簡單的好人》。

捐贈人的名字叫「蓓蓓」。

這引起了我的好奇心，於是請出版社同仁聯繫蓓蓓。經過蓓蓓同意後，我親自打電話給她。

接到我的電話，蓓蓓有點不可置信的

驚喜。她認識我、讀我的書好多年了，沒想到，眞的跟作者本人講到電話。

在電話中，蓓蓓慢慢地跟我分享她的生命故事，還有她爲什麼會捐贈《做一個簡單的好人》給女子監獄。

墜入黑暗深淵的開始

蓓蓓從小在嘉義布袋長大，家庭很平凡，有爸爸媽媽，還有一個姊姊。她腦袋瓜很聰明，小學成績很好，但升上國中，成績就慢慢變得普通，甚至變差了。加上到了國三，不知爲何開始被同學霸凌，讓她覺得很憤怒、很恐懼，學習欲望更低落，應該說根本不想去學校上課了。

勉強撐到國三畢業，蓓蓓連畢業典禮都不想參加就離開學校。考高中時，成績不是很理想，只考上高職。在父母的堅持下，她只好去報名國四重考班。

度過了一年沉悶、高壓、無趣的重考日子，蓓蓓依舊沒有考好，只考上一所幾乎拿成績單便能就讀的私立高中。

經過這幾年的折騰，加上青春期的叛逆，蓓蓓跟爸爸媽媽的關係變得緊繃、疏離、衝突不斷。

後來交了男朋友，不想去上學，開始蹺課，慢慢地也不想回家了，索性不顧父母反對，大吵一場後，直接搬去跟男朋友住了。

雖然沒多久就跟男朋友分手，但血氣方剛、叛逆、愛面子的蓓蓓，覺得這時候跑回家住很丟臉，想要證明自己可以獨立在外面的社會闖蕩、討生活。

但沒去學校上課，自然就被退學了。剛滿十八歲的她想要自己在外面住，自行負擔房租、水電，還要找工作，談何容易？

這時，以前在重考班認識的女同學聯絡上蓓蓓，約她一起到KTV當傳播小姐，每小時可以賺一千五百元，遠比在外面打工好賺，而且只要陪唱歌、陪喝酒就好。

就這樣，蓓蓓開始接觸所謂的八大行業。

她雖然不是很高䠷，但皮膚白皙，身材比例很好，所以幾乎每天都可以賺到錢。儘管天天都要熬夜、喝酒、陪唱、陪笑，但也讓不到二十歲的她一個月的收入超過十萬元。

每天晚上都有攤，而且是一攤接一攤，慢慢地，她在某些場合接觸到了毒品。

剛開始都是客人帶來助興，她完全沒興趣，但在抽菸、喝酒、吞雲吐霧，很嗨的氣氛中，她慢慢開始嘗試毒品。

因爲身邊全是跟八大行業有關的人，要麼是傳播小姐、要麼是黑道、要麼是毒販，所以蓓蓓並不覺得吸食毒品有什麼大不了，反正很多人都這樣。

有時蓓蓓會請姊妹幫她買，有時她也會幫姊妹們買，這是很平常的事。直到有一天，警察到西門町的KTV臨檢，從她的包包裡搜出三公克多的毒品，被逮了。

蓓蓓一頭霧水，認爲毒品不是她的，她只是幫朋友買，自己也沒有從中獲利，怎麼會是犯罪行爲？

刑事犯罪，有時是故意的，有時是過失的，有時，卻是無知的。

這叫作幫助販毒罪。

就這樣，蓓蓓因爲幫助販賣二級毒品，被判處了三年八個月有期徒刑。

第一次入監服刑因爲表現良好，兩年左右就假釋出獄。

但毒品之所以棘手，不單純是因爲毒癮——畢竟入監服刑期間都必須經過勒戒、強制治療——而是因爲複雜灰暗的人際關係。

一個有毒品前科的女孩，出獄後想要找正常的工作，談何容易？之前結交的那些跟毒品有關的人也知道這個難處，所以都會耐心等待毒品犯罪者出獄後，進一步吸收，爲己所用。

每一個因爲毒品案件入監服刑的人，總會想著出獄後就要改過自新，發誓這輩子再也不碰那該死的毒品，再也不接觸任何跟毒品有關的人。眞的，幾乎每個人都是這樣想的。這讓我想起以前檢察官學長跟我分享過，毒品案件的再犯率將近百分之九十九，因爲社會大眾排斥更生人的心態、販毒組織的精明與狡詐，加上毒品犯自己人性的黑暗與脆弱……

過沒多久，蓓蓓又被捕了，包包裡被搜出〇．八四公克的毒品，因而被判處施用二級毒品罪，並撤銷之前的假釋，再次入監服刑。

就這樣，從十九歲到二十八歲，近十年的青春歲月，蓓蓓就在傳播小姐、吸毒、看守所、法院、躲避通緝、被捕、入監服刑的生活裡度過，其餘幾乎一片空白。

在獄中流傳的書

人眞的很難想像一生會有什麼樣的際遇，有光明，也會有黑暗。而縱使在最黑暗的低谷中，也可能存在著自己一直未注意到的光明力量種子，或許是一個人，也或許是一本書……

其實，在蓓蓓入監服刑的歲月裡，一直有個人總是每隔一段時間就去探望她，那就是她的國中老師，身形略胖、面容慈祥的郭老師。

郭老師每次去，總會帶一本書給蓓蓓，希望她在裡面有空可以讀讀書。她剛開始不以爲意，甚至覺得郭老師有點囉唆，每次拿到書都隨便放。直到有一天，郭老師送了一本《做一個簡單的好人》……

這個書名吸引了蓓蓓的目光。

她覺得作者的名字很耳熟，回到牢房後，把櫃子裡成堆的書翻出來看。原來，老師之前已經送過《年輕，不打安全牌》《心的強大，才是眞正的強大》和《被支持的力量》，這本《做一個簡單的好人》已經是他送的第四本同一位作者的書了。

這引起了蓓蓓的好奇心，於是隨手翻開來看。

沒想到，一開始的作者序就吸引了她的目光，讓她不自覺地一直讀了下去。在內心充滿共鳴與溫暖的感動中，蓓蓓讀完了整本書，她自己都忘記上一次好好讀完一本書，是多少年前的事了。

她接著讀我的其他著作，並把《做一個簡單的好人》推薦給同房的一個好姊妹。沒想到，接手閱讀的姊妹也覺得深受觸動，就再推薦給下一個姊妹。

就這樣，這本《做一個簡單的好人》無意間在女子監獄流傳了起來。

後來，有越來越多姊妹排隊等著看，等太久，還鬧了一些不愉快。

所以蓓蓓突發奇想，決定搞個讀書會，由她親自念《做一個簡單的好人》裡面的文章給大家聽。而大家聽到喜歡的語句，就抄寫下來，聽說有人還寫在便利貼上，貼在自己的書桌前。

這是我完全無法想像的景象，畢竟我沒去過女子監獄。聽到蓓蓓的轉述，總覺得很難以置信，甚至有些誇張了，但我感受到有一股一股暖流湧上心頭。

蓓蓓以前總認爲，人生不是成功，就是失敗。她不想當個失敗者，所以可以爲了成功不擇手段。

但現在，她慢慢醒悟，自己可以超越成功或失敗，只是當一個願意心存善念、願意爲了利益他人而活著的平凡簡單的好人。

她默默在心裡許下一個願望，希望這次順利出獄後，可以靠自己的雙手腳踏實地賺錢，然後她要捐贈一百本《做一個簡單的好人》給獄中的姊妹閱讀。

心轉變了，生命就跟著轉變

因爲在獄中表現良好，蓓蓓可以調到比較輕鬆的單位，學習烘焙或長照看護等技能，以迎接將來出獄後的新生活。

她本來腦筋就好，又肯吃苦，很快就發現自己很擅長、很適合做手工餅乾，於是一直苦練，還在女子監獄得了獎呢。

而在持續閱讀的過程中，蓓蓓雖然沒有察覺到自己的改變，但與父母的關係悄悄冰釋了。

第二次入監服刑，爸爸媽媽不但沒有責罵她，還無論春夏秋冬、無論風雨，每週都固定去監獄探望，而且都會帶上豐富的菜餚。

就算剛開始的禁見期，連家人都無法探監時，媽媽都親手煮她愛吃的菜送進去。

或許大家不知道這個每週帶豐盛菜餚探監的意義。

除了每個星期長途跋涉到郊外的女子監獄探望的辛勞外，那個菜餚很關鍵。在符合規定、經過檢查後，受刑人可以把東西帶回牢房跟姊妹分享，這是很重要的獄內社交。

剛開始，面對來探望的父母，蓓蓓很漠然，還有一點說不上來的尷尬。但經過一次次的探監，她的心融化了，跟爸爸媽媽說的話也多了起來。

二十八歲服刑期滿出獄那天，正值八月炎夏，爸爸媽媽頂著烈陽站在監獄門口，滿頭大汗。

看見蓓蓓出來的瞬間，爸媽快步上前，三人緊緊擁抱在一起，內心五味雜陳，淚水與汗水交織。

爸爸逐漸蒼老的臉上露出笑容，長滿粗繭的大手摸著蓓蓓的頭說：「沒事了，回家就好。」

他專程買了豬腳麵線，還開車載蓓蓓去汽車旅館洗澡。當天晚上，三人一起去了蓓蓓最喜歡的夜市吃小吃。

這次出獄後很玄妙，蓓蓓對毒品沒有了任何興趣，也不再有想要聯絡以前那些毒性朋友的想法——不是勉強克制自己，而是自然而然免疫了。**人的心轉變了，生命就跟著轉變。轉運造命，轉的、造的不是外境，而是自己的心境。**

蓓蓓知道自己到底想要什麼樣的人生，知道自己想要成爲一個什麼樣的人。她開始運用在女子監獄學習到的技能，動手製作手工餅乾、月餅、堅果塔，然後嘗試上網銷售。

她一直記得在獄中的那個小小的、善的起心動念。

沒想到，蓓蓓的手工餅乾意外受到歡迎，加上運用直播、社群影音等管道，讓更多人認識她以天然食材製作的美食，生意越來越好。

不到兩年，蓓蓓就存了一點點錢。這時的她已經不像從前那樣，第一時間就把錢拿去買名牌包，而是趕緊實現當初那個捐贈《做一個簡單的好人》的願望。

她真的做到了。

能戰勝自我，才是真正的強者

順著這個小小的善緣，蓓蓓跟我成了好朋友，我也在能力範圍內提供她事業發展所需的人脈與資源。

幾年後，蓓蓓認識了從事裝潢業的老公，生了一個跟她有著相同清秀臉龐的胖兒子，一家人過著平凡簡單的幸福生活。這年她三十二歲。

而她捐贈的《做一個簡單的好人》，也一直在女子監獄中流傳閱讀著。

當我告訴蓓蓓將在這本書裡分享她的生命故事時，她顯得很害羞，不是擔心自己的過去被人知道，而是真心覺得自己很平凡，沒什麼値得跟人分享的。

蓓蓓或許認爲自己只是一個很平凡的人，但在我心裡，卻覺得她很不平凡。她的不平凡不在於世俗的財富或地位，而是她在陰暗、煎熬、充滿邪惡誘惑的生命歷程中，戰勝了自己。

就像《道德經》說的：「知人者智，自知者明。勝人者有力，自勝者強。」意思是，能了解別人叫聰明，能認識自己才是眞正有智慧；能戰勝別人稱得上有力量，能戰勝自我才是眞正的強者。

後來蓓蓓寫給我的訊息中提到：「出獄之後還是有跟獄中的一些朋友通信，我跟她們說你又出新書了。在監獄中有時會移監，所以我會再寄你的新書去給轉移到其他監獄的姊妹看，甚至是男子監獄。因爲姊妹的老公在男子監獄，所以也寄到男監去，讓他們也可以看到一本不一樣的書。我會持續推薦你的書給監獄的朋友，是希望自己能夠記得當初在獄中讀書那時候的感覺，記得那時的簡單平凡，還有說過不再碰毒，要改變自己的話。很多在裡面發誓要改變的人，回到社會後遇到挫折、工作不順、生活或金錢方面有壓力，又會產生負面及回頭的想法，所以能夠讀到擁有正向力量的書，讓自己再支撐下去眞的很重要。當初捐一百本書去女監，聯繫教化科讀書會，他們把書排進去全監閱讀的書單中，讓不同單位的每一個受刑人都能看到，至少有一千多人都在看你的書喔。不同監獄的獄友彼此會通信，在信中，他們也會聊到正在看什麼書，其他獄友知道後就會請家人去買，這樣在新的地方又開花一遍，幫助影響更多人，光想到這樣就覺得很開心。」

收到蓓蓓的訊息，我自己也很開心。我無法用更精確的文字形容這樣的開心，只知道持續好久好久，盈滿我整個心頭，充滿意義、溫暖，又有力。

或許很多人認爲，一個人必須有大格局、大思維，想的、做的越大越好；但，我卻只想好好善待每一個有緣與我相遇的人，積累一個個小小的善緣。

我生命的歷練與成長，幾乎都是來自每一個有緣相遇的人。他們的生命故事教會我謙卑、教會我感恩，並讓我逐漸將生命視角轉向他們每一個人，讓我在無數人的生命困境中，看見自己命中注定的責任。

我一再深刻地感受到，當我們能夠持續心存善念，爲了利益無數人而活著，我們自己一定是那第一個獲得幸福快樂反饋的人。

當我們願意且能夠爲身處黑暗中的人點一盞溫暖的燈，只要一點點光，就能照破無盡的黑暗，爲彼此的生命創造無限的正向可能。

在每個有緣相遇的人心中，留下溫暖的印記

小時候沒錢，但很愛看書，所以只能去書店站著看免費的書。小學三、四年級，我已經把整櫃的偉人傳記都看完了。

現在長大了，經濟收入也大不相同，買書，甚至收藏好書，是我最大的興趣。

一直買一直買，慢慢地，家裡所有的書架和書桌都整齊地堆滿了書。

還好現在有很專業的二手書網站，可以賣的書就賣掉，不能賣的就整理好，拿去回收。

我住的社區很大，有幾百戶，地下停車場旁邊有個很大的資源回收場，二十四小時都可以丟垃圾。

聽管理中心的人說，社區資源回收賣的錢，都會分享給幾個辛苦的清潔大姊。所以我心想，買書不僅閱讀完後有心得、

有成長，每次整理一大箱書拿去資源回收，變賣的收入還能幫助清潔大姊，挺好的。

很久以前有一次，我搬了一大箱書到社區的資源回收場，碰到一位叫阿春姊的清潔大姊。她大約六十來歲，身形略胖，個子不高，我們彼此打了招呼，閒聊起來。

「老闆，你怎麼每次都有這麼多書可以回收？」操著雲林口音臺灣國語的阿春姊問道。

「因爲我是作家啊，讀書就是我的工作。」

她認眞地看著每一本書的封面、封底介紹文字，挑了其中幾本，有點不好意思地問我：「老闆，歹勢，這幾本可以送給我看嗎？」

我有一點點驚訝。雖然有些懷疑她是不是眞的會讀，但想到自己的書有個歸宿，有人繼續讀，也挺好的，所以就告訴她：「沒問題啊，喜歡讀書是好事。」

就這樣，每次我搬書去資源回收時，阿春姊都會動手幫忙，然後順便挑選喜歡的書回家。每一次，她的臉上都泛著淡淡的笑容。

這讓我想起自己小時候沒錢買書，站在書店看免費書時的表情。

有一次我實在壓抑不住好奇心，問了阿春姊：「你拿回家的這些書，眞的都有讀嗎？」

「有喔，雖然很多都看無，但每次翻一翻，心裡都感覺揪歡喜。我細漢沒什麼機會讀冊，但我揪甲意讀冊。」

阿春姊在雲林四湖長大，家境貧苦，國中畢業後就去工廠當女工，賺錢貼補家用，沒有機會繼續讀書。

後來經人介紹，結婚生子。老公在工地做粗工，阿春姊則從事清潔工作，雖然家境不寬裕，夫妻兩人還是努力地將兩個兒子和一個女兒扶養長大。

現在阿春姊最希望的，就是兩個兒子趕快結婚，生個胖孫子給他們夫妻抱。

「現在年輕人也眞害，年歲到了，婚不趕快結一結，趁我們夫妻身體還勇，可以幫他們顧小孩。」阿春姊一邊回收，嘴裡一邊叨念著。

「不像老闆你，這麼年輕就有兩個寶貝女兒，你阿爸阿母一定很歡喜、很好命。」

我心裡微微一緊，但沒多說什麼。

慢慢地，我開始有意無意地挑選一些阿春姊可能會喜歡、適合她閱讀的二手書去資源回收場。

每次看到她臉上洋溢著孩子般開朗的笑容，都覺得挺開心的。

有一天，一如往常來到資源回收場。阿春姊突然有些不捨地看著我：「老闆，前幾天我有在中視的節目看到你的訪問喔，一個很水的主播訪問你。我看到你嚇一跳，就把整個節目都看完了。

「原來老闆你小時候這麼辛苦啊。啊你阿爸阿母怎麼這麼沒福氣，這麼早就走了。上一次真歹勢，我不知道你阿爸阿母都不在了，以為他們每天抱孫子玩很幸福。」阿春姊眼眶有些淚光。

「沒關係啦，他們現在也很好，我相信他們依舊在天上隨時保佑、看顧兩個可愛的孫女。」我面帶微笑地回答。

「對了，我女兒有教我用那個什麼臉書，有教我追蹤老闆你的粉絲團，說這樣以後就可以看到你寫的文章。我現在每天都有看老闆你寫的文章喔。」阿春姊笑著說。

「我有看到老闆你出新書，叫作《積善》。這本書封面很水，名字取得真好。我可以去哪裡買到這本書？去書店都買得到嗎？雖然我沒有逛過什麼書店，但我會叫女兒帶我去買。」

有時，真心覺得這個時代很美好，社群網站的發達，讓好書、好的文字思想可以超越時間和空間的限制，傳遞到無數有緣人的心裡。

這時，我內心浮現了一個小小的、善的起心動念。

一本簽名書，創造了無價的回憶

幾天後，我帶著一本《積善》的親筆簽名書，到資源回收場找阿春姊。阿春姊看到我沒有提著垃圾，也沒有拉著平常那輛資源回收小拉車，有點困惑。我把藏在背後的《積善》拿出來時，阿春姊臉上又驚又喜。當我翻開封面，她看到內頁有她名字的題字簽名，愣了好幾秒，有些哽咽。

「阿春姊，這本書送給你。」

「不行啦，不行讓老闆你破費。這本書多少錢？你等我一下，我去包包拿錢。」阿春姊一下子拿起在工作車上的毛巾擦拭雙手，一下子在自己的工作圍裙上擦拭，一下子又衝到洗手檯洗手，既開心，又顯得不知所措、不好意思。

「阿春姊，沒要緊啦，這本書是要跟你結緣的啦。」我開朗地大聲說著。

「按呢甘好？揪歹勢啦。上面還有我的名字耶，這字是你寫的啊？老闆你的簽名很水喔。」已經擦乾雙手的阿春姊，小心翼翼、珍惜地翻閱著《積善》。

我帶著略顯調皮的神祕語氣跟阿春姊說：「偷偷跟你說，這本《積善》裡面有寫到你的故事。」

「烏白講，我也不是什麼大人物，怎麼會寫我的故事？我有什麼故事好寫？」阿春姊不可置信，臉紅地看著我。

「眞的啦，我沒烏白講，這篇文章後來還有新聞給你報導喔。」我翻開《積善》裡的一篇文章〈眞正的富裕，是累積福分存款〉，告訴阿春姊，「裡面那個幫我開外掛做資源回收的『阿菊姊』就是你啦！」

她帶著疑惑的表情讀著那篇文章，臉上慢慢綻開燦爛的笑容，我們兩個就在資源回收場一起大笑了起來，聲音大到有回音。

這個下午阿春姊臉上的笑容，給我留下很深刻的善的印記。我的心很暖，暖到現在，依舊。

回想當時爲什麼要送阿春姊《積善》的簽名書，說實話，我不知道，也說不上來。

送給平凡小人物一本簽名書，沒有公關效果，不會賺到什麼錢，也出不了什麼名。

我單純覺得這樣做，阿春姊會很開心，如此而已。

用一本簽名書，爲一個有緣與我相遇的人帶來一整天的幸福感，很值得，而這種善的回憶會盈滿我們彼此的心很久很久，這是無價的。

我對生命始終充滿好奇心，對於當我們能夠善待每個有緣相遇的人，這種善的力量可以走到哪裡、走得多遠，可以創造出什麼樣難以想像的價值與貢獻，充滿好奇。

遵循內心一個個小小的、善的起心動念，是我每一天的生活，也是我的信仰。在充滿不確定、看不見未來的人生中，這讓我每時每刻感受到自己眞正活著，充滿正向好奇心、堅定不移地走在命定的人生正途上。

我的每一天只專注做一件事，就是在每個有緣與我相遇的人心中，留下一顆小小的慈悲力量種子。

幾個星期後，我遇到阿春姊，跟她閒聊書讀得如何。

「我有讀喔，還沒讀完，但裡面的故事讓我很感動。」阿春姊一邊幫我開外掛整理資源回收物，一邊興高采烈地說著，「我現在把這本冊放在床邊的桌子上，每晚睡覺前讀一、兩個故事，心裡會感覺到揪溫暖、揪歡喜。

「有時陣，看到封面『積善』兩個字，就感覺揪好、揪好耶。人哪，一世人眞正要做一個好人啦。」

人心，可以是天堂，也可以是地獄

禹中法律系一畢業就考取律師執照和司法官資格，還考上法研所刑法組，畢業後擔任檢察官。

在檢察官生涯中，他的表現非常優異。十多年後，他決定離職，自己創立律師事務所，專攻刑事訴訟案件。

因爲曾經擔任檢察官，屢屢承辦社會矚目的重大案件，更重要的是法學素養深厚，所以一開業，案件就源源不斷，生意非常好。

很多人沒把握勝訴的案件，都會找上禹中律師。

有一次到辦公室找他喝咖啡，看見一個看似黑道大哥的當事人剛離開。一進他的辦公室，我就看到桌上有一捆用牛皮紙袋包著、大小像磚頭一樣的現金，目測大概是一百萬的現鈔……

他笑著跟我打招呼，不以為意地把那捆像磚頭一樣的現鈔收進右下方櫃子的抽屜裡。

當時我只是剛出道的菜鳥律師，那個畫面讓我留下非常深刻且震撼的印象。

就這樣，禹中律師過了好多年順風順水的日子，也承辦了多件重大金融犯罪案件，知名度、收入和地位都更高了。

後來，他承辦了一件性侵案，擔任辯護律師。

這個案件的被告是跨國上市公司的富二代，而且是董事長的獨生子，被起訴涉嫌在夜店灌醉一名女大學生後，加以性侵。

案件非常棘手。董事長立刻找上禹中律師，據說支付了將近六百萬的律師費用。

很多人覺得這案件無解，禹中律師卻有不同的犀利觀點。

刑事訴訟程序發掘的眞相不是絕對、客觀的眞相，因為那個絕對、客觀的眞相在事實發生的那一瞬間就消失了。

刑事訴訟程序只是透過事後證據資料的堆疊，而且必須是通過嚴格刑事訴訟證據法則審查的人證、物證，去形塑一個所謂的相對眞相。

例如違法取得的自白、證詞、物證，哪怕眞的能因此發現客觀眞相，也因爲違反證據法則而不得使用——簡單講，就是當作沒有這個證據資料存在，必須判被告無罪。

加上無罪推定原則，以及心證必須達到「毫無合理懷疑」程度的要求，刑事訴訟不見得眞能百分之百呈現絕對、客觀的眞相。

這沒有對錯、好壞，是立法者的權衡，畢竟如果刑事追訴機關和審判機關可以無視證據法則任意違法取證，會造成更爲嚴重、複雜的人權侵害後果。

而這個性侵案件審理數年後，最終的審判結果出乎眾人意料——被告竟然因爲證據不足，無罪釋放。

至於爲什麼可以獲判無罪，整個刑事訴訟程序的攻防就不在這裡解釋太多，細節也不便說明。簡單講，就是證據不足，律師高超的辯護技巧，讓法官無法形成「毫無合理懷疑」的有罪心證，所以最後判決被告無罪。

判決宣布那天，被害的女大學生嚎啕大哭，她的父母也大喊司法不公。

步出法庭時，記者一擁而上，女大生當眾吐了禹中律師一口口水。他不以爲意地擦拭後，搭車離去。

你餵養的是內心善或惡哪一匹狼？

時間過了幾個月。

禹中律師去了義大利度假一趟，富二代也繼續在自己家的公司上班，過著奢靡快活的日子。

然後，禹中律師看到新聞快報。

那名被性侵的女大學生選擇在飯店跳樓輕生，留下一封滿是怨恨的遺書。

看著新聞畫面，禹中律師心涼了半截，心跳漏了好幾拍，有一種說不出口的、複雜又震撼的情緒……

如果你是他，會有什麼感受？你會心安理得地花那六百萬律師費嗎？你接下來的人生會有什麼不同呢？

人心，可以是天堂，也可以是地獄。禹中律師成了自己一輩子的心靈囚徒。

這世上任何專業能力，特別是法律，都是雙面刃，可以用來幫助別人，也可以用來傷害他人，一切都取決於我們的起心動念。

我聽過一句很有道理的話：「原子彈不可怕，可怕的是人。」

我們往往把日子過得理所當然，以為生活會一直依照我們的想像過下去，只顧著自己想要得到的一切，卻忘了要付出的代價、對別人造成的傷害，忘了這世界是由無數人之間或隱或現、若有似無的連結所組成。

我們彼此的幸福快樂與痛苦，有著千絲萬縷的緊密依存關係。

有時只要發生一件事，那些原以為擁有就會讓我們幸福快樂的一切，會瞬間變質，甚至成為某種程度的詛咒。

雖然這個案件是在符合刑事訴訟程序規定的狀況下進行辯護，而得到無罪判決，從律師和被告的角度是完全的勝利。

但這永遠只是表面的勝利。

有時，表面的勝利，可能是內在生命徹底的失敗。

我所認識的禹中律師，大學時是一個充滿理想、正義、抱負的人，經過近二十年的社會歷練後，已經不是我原來認識的他了。

或許不見得是他變了，而是在金錢與名位的誘惑、反覆薰染下，激發了內心深處潛藏已久的負面特質。

人的生命本來就不是非黑即白，而是善與惡的動態平衡，有時善勝，有時惡勝，就看我們餵養的是內心善或惡哪一匹狼。

而心所朝的方向，就決定了我們自己的命運。

禹中律師出國躲避媒體好一段時間，回來後，悄悄把律師事務所關了，到大學教書。多年來，也一直義務擔任許多公益或弱勢團體的律師，試著盡己所能去幫助別人。

禹中又慢慢變回原本我認識的他，只是少了笑容，多了沉默……

無論再好的人，內心深處都藏著爲惡的潛能；再壞的人，內心深處也都有一個充滿向善力量的太陽。人是可以在一瞬間因震撼而醒悟的，只是有時候，自己與別人付出的生命代價太大了。

好運氣，來自好的生命態度

如果你是企業領導人，想要安排接班人，有兩個人選，一個專業但你不信任，一個你信任但不專業，你會選哪一個？

一個總是願意伸出援手的人

文成是我多年的好兄弟，因爲體格魁梧，比我還高，是我的兩倍壯，大家都叫他「熊」。

熊從小父母離異，跟生母幾乎沒有聯繫，是由繼母扶養長大，所以他也把繼母當成親生母親一樣孝順。

我們最早在補習班認識，後來我考上臺大法律系，熊選擇重考，然後我回補習班當輔導老師，我們就成了既是兄弟也是師生的有趣關係。

熊的家境並不好，所以選擇在補習班打工，以工讀生身分取得學費優惠，還可以分期從工讀薪資中扣抵。

常常補習班一開門就可以看到熊的身影，因爲他既是工讀生，也是學生，而且要一直忙到最後整理垃圾，幫補習班關門。

在補習班中，熊的成績雖然不是很好，但人緣爆好，永遠可以跟男同學打成一片，跟女同學也是，甚至是老師。

爲什麼呢？因爲大家只要有任何需要幫忙的事，熊永遠第一個出現，無論是幫老師買晚餐、幫導師點名、幫同學上課錄音抄筆記，甚至是下課騎車載同學回家。

有趣的是，每個女生找熊幫忙都沒有壓力，不會擔心被追求、被告白，所以他的女人緣也是好到讓眾兄弟羨慕，每個兄弟追女生幾乎都要靠他幫忙。

「我也沒想太多，反正能幫就盡量幫，可以幫忙別人總是一件好事。」熊咧開嘴，笑得很燦爛。

經過一年的重考準備，熊考上輔仁大學法律系。我們都學法律，就有了更多的共同話題。

幾年後，我考上律師，也創立了自己的律師事務所，熊就到我的事務所幫忙。

平心而論，熊的法學素養不是非常深厚，所以一開始設定的法務工作讓他有些不適應。

但後來我驚訝地發現，只要跟熊接觸過的當事人，幾乎都會願意委任我們事務所。熊不是那種能言善道的人，但每個當事人都說：「他值得信任。」

我問熊，他是如何贏得這麼多當事人的信任？

「我沒有想太多，只是想著，如果自己家人遇到這些法律方面的困難，我能幫上什麼忙？我只是把他們都當成自己的家人。」

他這樣的起心動念也感染了我，讓我領悟到除了法律專業之外，更重要的是什麼。

我們事務所的業務就在熊的幫忙下，越來越好。

但幾年後，熊有了其他的生涯規畫。他覺得法律業終究不是他眞正喜歡、擅長的領域。

雖然他離職了，但我們依舊是好兄弟，每隔一段時間就會相聚。後來熊決定到大陸廈門發展，我也給予祝福。

「善良」是我從十八歲認識熊到現在，最深刻的印象，應該發給他一張超大的好人卡。

再貴的專業都是錢買得到的，但信任不行

很多年後，有一次，我剛好到廈門開會，想起了熊，便發了個訊息給他，問他有沒有剛好在廈門。

熊一聽到我在廈門，很開心，要我無論如何一定要等他忙完，一起吃晚餐。

我跟朱水源大哥在一起，他跟熊也非常熟，因爲當初我的律師事務所就是跟大哥的正遠保險經紀人公司在同一個辦公室。

我們約在廈門一家有名的小龍蝦餐廳。

沒多久，門口停下了一輛賓士車，熊從駕駛座下來，像以前一樣咧開嘴笑得很燦爛，跟我們打招呼。

他身旁還多了一個看起來樸素端莊的女孩。沒想到，竟然，是熊的老婆！

熊知道我們兩個來到廈門，立刻忙完在泉州的公事，開了快三個小時的車趕回廈門請我們吃飯，眞的很夠兄弟。

雖然依舊穿著T恤、牛仔褲和跑鞋，依舊客氣熱情，但我跟大哥都在商場很久了，在一邊大啖小龍蝦、喝啤酒，一邊聊天的過程中，馬上就知道熊現在的經濟實力已經大幅躍升了。

熊的老婆曉蕊是四川人，是家中的獨生女，她父親經營一間規模不小的建築材料貿易公司，是個成功的企業家。

我們一邊虧熊娶到好老婆，一邊好奇爲什麼曉蕊會願意嫁給熊。

「我爸爸叮囑我，要一起生活一輩子的男人，就要找一個孝順、善良的。熊，是個很孝順、很善良的人……」不知是喝酒的關係，還是害羞，曉蕊臉上泛起一絲紅暈。

熊跟曉蕊在廈門認識後，曉蕊的父親不但沒有因爲熊的家境而反對他們交往，反而在跟熊互動後，非常喜歡他的善良與老實，所以就開始教導、磨練他在生意場上的能力。

兩人交往幾年後，老丈人決定把曉蕊這寶貝獨生女嫁給熊。過了幾年，看熊對公司的業務和經營都已經上手，就決定退休，把整個公司交給他們夫妻管理。

知道岳父要把整間公司交給他，熊很緊張、很擔心，覺得自己的專業能力不足以承擔這麼大的責任。

岳父告訴他：「來不及學專業，就學做人吧！你記住，再貴的專業，都是錢可以買到的，但你覺得可以用多少錢買到信任？答案是，再多錢都買不到信任啊。

「而你，就是一個我信任的人。不只是我，公司的長輩和前輩都願意信任你、幫助你、輔佐你，這是最難得的一件事，遠比做事的能力重要太多了。」

就這樣，熊接下了岳父的公司，持續學習中，公司也一步一步地穩定發展。

希望人好，別人也會希望你好

現在熊的經濟實力遠在我之上，也遠在當初那些考試贏他的人之上。

或許有人認爲熊只是運氣好，遇到好老婆，遇到貴人提拔。

我承認熊的運氣特別好，但，什麼是運氣呢？好運氣怎麼來的呢？

一個人的好運氣，來自好的起心動念，來自懂得孝順、懂得感恩、懂得盡己所能去幫助別人——簡單講，就是擁有好的生命態度。

回到本文一開始那個問題。熊的岳父的答案，是選擇一個信任的人，而且不只是接班人，更是女婿。

因爲他的生命閱歷讓他深刻明白，做人做不好，再好的專業，總有一天會遇到障礙、踢到鐵板，甚至有一天這個人可能會背叛他，或危害社會。

女兒就這麼一個，如果是你，會希望把女兒嫁給什麼樣的男人？

做人，不是學習世故、不是送往迎來的應酬，而是學習成爲一個簡單的好人。就

從覺知內心微弱的善念、從勇敢地將善念付諸行動開始吧。

講一個更深的生命體悟。

我跟朱水源大哥知道熊發展得這麼好，心裡雖然有羨慕，卻沒有嫉妒。我們發自內心爲他感到開心，眞心希望熊、曉蕊和他岳父都能擁有平凡簡單的幸福快樂。

因爲，熊眞的是個好兄弟，是個善良的人，二十幾年來始終如是。

人要在社會上得到一定的成就不難，但獲得成就後卻不被嫉妒，甚至讓人發自內心爲我們開心、爲我們祝福，是非常非常難得的。

這讓我想起自己送給兩個女兒的一段話：「**對人好，別人也會對我好；說人好，別人也會說我好；希望人好，別人也會希望我好。**」

熊，是一個簡單的好人，一直以來總是對人好、說人好、希望每個人都好，所以身旁的無數人自然也就希望他好、祝福他好。這股無形的善的力量持續運轉著，結果熊的命與運就眞的轉化了，這就是他的好運氣。

有量才有福

當年我阿爸阿母在舊家的同一條巷子裡，另外買了一間十來坪大的小房子，本來預計讓我跟哥哥長大、娶妻生子後，一人一間。

但哥哥在我小學四年級的時候，因爲溺水意外離世了。

後來，阿母就把房子出租給人。

二十幾年前，阿母是以租金五千元，出租這間小房子。一直過了很多年，直到阿母離世前，都沒調漲過房租。

記得阿母在她生病的後期曾經很認眞地叮嚀我：「會來跟我們租這間小房子的人，通常經濟狀況都不是太好，也是艱苦人，你如果有能力，就盡量不要給人漲房租。」

她笑著對我說：「有量才有福啊。」

被拖欠的房租，磨不掉的善念

阿母去世已經十幾年，這中間經歷過幾個房客，故事也挺多的，其中有一個讓我印象很深刻。

這個房客是我從小一起長大的好兄弟，叫作阿輝，是個營造工程的小包商，已婚，有一個兒子。

爲什麼要跟我租房子，理由很簡單，因爲現在三重幾乎找不到每個月租金五千元、可以讓一家三口居住的房子了。

剛開始幾個月都正常支付租金，慢慢地，偶爾兩個月繳一次，偶爾三個月。雖然每次都有把之前欠的一起繳清，但後來拖欠的頻率越來越高……

每到拖欠租金的那個月初，阿輝都會發訊息來跟我表達歉意：「最近手頭比較緊。」「業主拖欠工程款。」「票期軋不上。」

一般來說，房東會怎麼處理？尤其是身爲律師的我……

雖然一直聽到各種藉口，我內心也會不爽，但一想到阿輝的兒子才三歲大，一家三口如果搬走，是要搬到哪裡去？哪裡是他們付得起房租的地方呢？

這時，我往往會想起阿母的叮嚀：「有量才有福啊。」阿母講這句話時的笑臉，深深烙印在我心中。

我就這樣讓阿輝欠了一個月又一個月。日子慢慢過去，有一天突然想起來，好像真的很久沒有收到房租了，一查才發現，哇，阿輝已經欠了超過二十個月了。

我問他是不是財務遇到什麼困難。

「兄弟，老實跟你說，我之前是真的有努力在存錢要還你房租，但後來被倒了一大筆錢，現在不只沒錢還你，還欠了三十幾萬……」

說實話，我沒有懷疑阿輝在騙我，也沒有生氣，而是真的擔心他們一家三口的生活怎麼辦。

這中間還發生了一個小插曲。

有一天晚上，阿輝的老婆傳訊息給我：「峰源，真的很不好意思，我現在才知道阿輝欠了你這麼久的房租。他沒讓我知道家裡的財務狀況這麼糟，還跑去借了信貸。對你真的很不好意思，現在家裡的財務由我來管，下個月開始，我一定會按時繳房租，也會盡快把欠的房租還完。」

我知道阿輝是個大男人，也是一個好男人，再苦也不想讓老婆知道。被倒的那筆錢，也是想要跟著別人投資多賺一些才會被騙，現在由嫂子來管錢，也是一件好事，至少不會亂花錢、亂投資。

只是到了這樣的窘境，一般人會怎麼處理？會讓他們繼續住下去嗎？

或許更嚴肅的問題是，依照我們的社會經驗，這筆欠了這麼久、這麼多的房租收得回來嗎？

我從頭到尾都沒有採取任何法律手段，既沒有提起訴訟，也沒有扣押執行。當然，我沒那麼天眞，相信阿輝一定還得了這筆錢，畢竟，他一家三口生活要花錢，外面還欠債……

但，我也沒有跟阿輝撕破臉、惡言相向，連一句難聽話都沒說。

在我心裡，我們依舊是好朋友、是兄弟。在社會上混，誰沒有倒楣的時候、誰不會遇到困難呢？

當然我必須誠實地說，這跟我自己的經濟實力有關係，因爲我並不依賴那每個月五千元的房租生活，甚至可以稍微誇張地說，每個月有沒有收到這筆錢，我並不那麼在意，還常常忘記，所以我始終淡定、耐心地等待。

甚至，我知道阿輝的專業是營建泥作工程、老舊公寓改裝翻新，所以開始一步步動員自己的人脈資源，試著把他引薦給建設公司的老闆，幫他的工班尋找營建工程小包案件的機會。

阿輝如果最後有還我錢，那很好；沒有的話，其實也沒關係。不是我眞的那麼豁達，而是我明白這一切都不是我能控制的。

逼人還錢有用嗎？責備、辱罵，有用嗎？

我唯一能夠決定的，就是將內心好的起心動念付諸行動，伸出援手幫忙解決問題，這才是最重要的。這就是我一直抱持的想法。

就這樣，到了下個月，我眞的收到了五千元的房租。好久不見的房租啊……

接下來的幾個月，都有按時收到五千元。

過了大約半年，開始每個月收到一萬元；過幾個月，開始每個月收到一萬五千元；再過幾個月，開始每個月收到兩萬元。

就這樣過了約莫快兩年，不可思議的事情發生了——神奇的傑克啊，阿輝夫婦眞的還清了所有積欠的房租！

從執業律師的觀點來看，這完全是特例。有被人欠過錢、倒過債的就知道，債務人這樣守信還錢有多罕見、多難得，沒想到竟然讓我遇到了。

這時我又想起了阿母的那句話：「有量才有福啊。」

過了一段時間，有一天，阿輝夫婦跟我一起在海底撈吃飯。「兄弟，欠你錢的時候，實在沒臉約你吃飯。現在可以好好跟兄弟吃火鍋、喝一杯，眞的很爽啦。」阿輝滿臉通紅地說。

「眞的對峰源很不好意思，那時候知道欠你那麼多房租，我氣死了，飆罵了阿輝好久。眞的很謝謝你願意給我們時間，也不跟我們計較，還讓我們繼續住在這裡，沒把我們趕走。我跟阿輝說，人家峰源對我們那麼好，這筆錢無論如何一定要還完，這輩子絕不能欠著這筆錢。」嫂子哽咽地說著。

我這位嫂子是來自大陸鄉下的新住民，是個善良、眞性情的好女人，我一直認爲我兄弟阿輝這輩子最重要的好運氣，就是娶了這個好老婆。

現在所有的錢都歸老婆管，阿輝按月領零用錢，表現良好就可以多領一些，當作吃宵夜喝兩杯的加菜錢。

心量如海，就能擁有如海的福分

這個故事的圓滿結局，我知道不常見，也知道不是每個欠錢的人都是這樣，我只是比較好運而已。

但我的生命閱歷讓我相信，對人保持善念、善解，盡己所能善待他人，好像總會有一些比較好的發展與結果。

每個人都可能遇到困難而做錯事，但內心深處也都有著一顆充滿向善力量的太陽；或許一時被烏雲遮蔽了，但無論烏雲再厚，太陽一直都在。

只要隨順生命的緣分，遇到一個能夠善待他、觸動他、感動他的好人，或許就有可能讓他轉心向內，去感受到那個自己本具的、充滿向善力量的太陽。

因爲這世上所有的善念之間都是同頻共振的，能夠觸動、引發、擴大彼此內心深處善的力量。

阿輝夫婦之所以願意努力賺錢、存錢還我房租，不是因爲我是律師、不是因爲他們怕我，而是知道我對他們好，知道峰源是個好人，所以他們也想在我面前當一個好人。

每個人活在這個世界上，在不同的人面前有著不同的面貌與姿態，而身邊的人面對我們時的面貌與姿態，取決於我們在對方心中到底是一個什麼樣的人。

自己做得夠好、夠善良、夠純粹時，我們的存在本身會充滿意義與力量，我們將成爲一個觸動、催化、扭轉無數人生命的人。

因爲任何人都希望可以在自己發自內心敬重的好人面前，至少當一次好人。

過了幾年，阿輝告訴我，他們一家人要搬走了，因爲他們存夠了頭期款，終於在蘆洲買下一間房子，一個眞正屬於自己的家。

眞的非常爲他們一家人感到開心。

我內心深處浮現了一個隱微的體悟：就是因爲阿輝夫婦有這樣的好心念，並一步步實現諾言，不逃避、勇敢地把債務還清，所以才能眞正賺到錢。

從表面上看，是因爲在還債過程中，他們培植了自己的賺錢能力，還有無形卻有力量的社會信用。

從更深的層面看，則是因爲他們有了承擔責任的心量，也爲自己創造了可以賺到錢的福分。

去跟阿輝辦理交屋時，我嚇了一大跳，因爲他們不只把整個屋子打掃、清空得非常乾淨，甚至該維修的、該更換的也全幫我做好了，好像整個翻新了一樣。

這是阿輝送給我的兩個禮物之一。

另一個是什麼呢？

原來，住樓上的那位單親媽媽的兩個孩子長大了，都讀大學了，空間不夠住，阿輝知道後，就主動幫我媒合好，讓那個媽媽直接銜接承租。

所以我的房子沒有空窗期，立刻有了新房客。

房租依舊是阿母當年叮嚀的五千元。房租沒有漲，阿母的叮嚀也永遠不會忘：

「有量就有福啊。」

終有一天我們會體悟到，這世上所有人事物幾乎都是無法控制的，我們唯一能控制的，就是去感知內心那微弱的善念，並付諸行動幫助別人，去善待每一個有緣與我們相遇的人。

我們唯一能控制的，就是決定自己要成爲一個簡單的好人。

一個眞正的簡單的好人，是一個心量如海的人，所以能夠擁有如海的福分。這不是邏輯、不是科學，而是眞實不虛的生命經驗、感受與力量。

我只是做了阿母的叮嚀，我只是做了內心覺得應該做的事。

人要做一隻善良的老虎

我有一間舊公寓的五樓出租給人，就在舊家附近。

豆乾厝的老房子，四十幾年了，當時都有陽臺外推、後面防火巷外推之類的違建。

防火巷外推的房子一般人可能沒有住過，不知道長什麼樣子，就是後面廚房窗戶打開後，手一伸出去就能摸到對面的房子。

以前舊家廚房對面住的就是我的同班同學，每次要拿作業，只要把廚房窗戶打開，輕敲對面的窗戶，就可以把我同學叫出來，順利拿到作業。

平時拿東西、講話是很方便，但沒有防火巷的房子如果遇到火災，就很危險了。

說來這也是底層人民生活的一種無奈與悲哀。

此外，彼此住那麼近，如果遇到惡鄰居，那也很危險啊……

危害人身安全的惡鄰

小萍是我的房客，單親媽媽，一個人帶著兩個孩子，跟我承租房子很多年了。住了多年，很穩定、很平靜，沒什麼大事。

直到後來，廚房對面搬來了新房客，是一對年約四十多歲的男女。剛開始相安無事。突然有一天半夜十二點多，小萍目睹對面的房客手拿不明的罐裝噴霧器，不斷地向小萍這邊的廚房排油煙管噴灑不明物體。

這個舉動嚇壞了小萍。

她出於本能，立刻大聲喝止那個中年男子。

結果那個男的比小萍還凶，操著三字經嗆聲說：「你每天煮飯的油煙，害我抽菸的味道都變很差，影響到我。」

因爲房子大多距離很近，豆乾厝的居民都已經習慣多多少少會聞到鄰居煮飯的味道，而且現在時代進步了，排油煙管都是高於窗戶洗洞，將煙排放出去，遠比以前好多了。

但顯然那個中年男子不太適應底層百姓的生活環境，覺得沒有足夠的舒適空間讓他在家裡好好抽菸。

小萍雖然害怕，但也不可能因此不做飯給孩子吃，只能硬著頭皮煮快一點。結果過沒幾天，小孩洗澡時覺得熱水器怪怪的，家裡也好像聞到瓦斯味。小萍探出頭往窗外一看，驚呆了……原來，熱水器的強制排氣管竟然被人硬生生敲彎了九十度，不只排氣管壞了，連瓦斯都排放不出去，倒流進來了。

受到驚嚇、氣憤的小萍，打了電話給房東，也就是我。

我立刻聯絡舊家的里長，請里長找到對面房子的房東，告知他這個情況。房東陳先生人還不錯，親自去找那個中年男子房客了解情況。

中年男子堅決否認有這樣的犯行，並要小萍提出證據，不要含血噴人。

可是，當陳先生來到小萍的房子，親自查看廚房外被砸毀的強制排氣管及狹窄防火巷周遭環境後，很清楚地知道，除了他那個房客，其他人不可能（別家的窗戶都離好幾公尺），也沒有動機來破壞。

所以陳先生願意賠償這個損失。

他告訴我：「這對房客最近因爲疫情的關係，剛被資遣失業，心情很不好，連房租都遲繳好幾個月了，一直求我，希望我再給他一點時間找工作。我現在也很兩難，很希望他們搬走，不要給我惹麻煩……」

我當下婉拒陳先生的賠償，告訴他，這個強制排氣管的錢我不在意，但房客的人身安全我非常在意。我要求熱水器師傅當天立刻更換全新的強制排氣管，並希望陳先生承諾約束房客，這樣的事情不可以再發生。

那天晚上我幫小萍更換了全新的強制排氣管，沒想到，隔天小萍驚訝地發現，全新的排氣管又被敲彎了九十度……

我讓小萍直接到巷口派出所報警處理。

警察獲報後，來到現場了解狀況。

那個中年男子大喊冤枉：「我沒有噴任何東西，也沒有敲壞那個排氣管啊。自從我搬來這裡住以後，每天都被油煙熏得沒辦法生活，不能好好抽菸、吸呼，連家裡養的貓都快被嗆死了。好言好語跟對面那個女的溝通，沒想到剛開口講沒幾句，她就開始用三字經飆罵我、恐嚇我，讓我每天都過著擔心受怕的日子。」

小萍在一旁聽到後，整個傻眼了，對方竟然可以講出完全不同版本的故事！

警察最後說，因爲小萍沒有任何證據證明那個中年男子有噴灑不明液體，也無法證明強制排氣管是他敲壞的，只能這樣結案了……

當天晚上演講完剛回到家，我就接到小萍的電話。她憤恨不平，又害怕不已。我要小萍母子別擔心，我會處理。

幾天後，那個中年男子被通知到案說明，並正式移送法辦。

一個多星期後，房東陳先生突然發現，那對房客自行搬走，消失了，積欠房租逃跑了。

這中間發生了什麼事情呢？

善良是個人修練，但單靠善良無法在險惡的社會生存

接到小萍電話隔天，我立刻準備了正式的刑事告訴狀，依據刑法第三百五十四條的毀損罪提起刑事告訴。

然後特地親自跑一趟派出所，跟所長溝通說明孤兒寡母的擔心和恐懼。

當然，最關鍵的還是證據問題。

聽說那個中年男子到案說明時，依舊態度輕鬆、神情自在，直到警察拿出監視影片，他就目瞪口呆了……

原來，隔天我就指示小萍去購買遠端遙控監視攝影機，鏡頭對準狹窄的防火巷空

間。

等了幾天，終於等到了，他又動手敲壞新的強制排氣管。對了，影片還錄到他習慣打開窗戶抽菸，然後順便把菸蒂、啤酒罐，甚至家裡整袋的垃圾都直接往防火巷丟。

所以，我順便依照廢棄物清理法第二十七條和第五十條的規定，舉報了他。

見到那名中年男子後，我只告訴他一件事：這個案件如果繼續進行下去，會花至少一、兩年的時間，這中間他必須不斷被傳喚出庭，跑也跑不了，這樣還能好好找工作、上班嗎？何況，現在證據確鑿，未來留下刑事紀錄，找工作容易嗎？

「只要你簽下承諾書，我可以撤回告訴。」我淡定又漠然地說著。

然後，我拿出早已準備好的承諾書，讓他承認自己的犯行，並立有高額違約金，承諾未來不得再對小萍母子進行任何形式的傷害、恐嚇、騷擾。

他默默地簽了。

後來我跟他深入聊了一下。其實他原本在餐廳廚房工作，因爲疫情被資遣，餐廳付不出資遣費，收入突然沒了，又有卡債，又到處找不到工作，感覺自己走投無路、很絕望，才會把氣出在小萍身上。惹出這樣的事情，他也知道自己不對。

不把人逼到絕境，凡事留餘地，讓別人有路可走，我們自己才能進退自如——這是我多年人生閱歷的處事原則。

當然，我也不是剛出社會，我撤回的是身爲房屋所有權人的被害人的刑事告訴，卻保留了小萍的刑事告訴權，因爲她也是受害人。如果將來那名男子反悔，除了有違約金，小萍還是可以提起刑事告訴的。

人要做一隻善良的老虎。善良是我們的本性，但老虎是有能力反擊的。徒善，不足以成事；無法成事的善良，或許只是一種無能的藉口。

人活在世上，善良是我們個人的修練，但如果以爲單靠善良就可以在險惡的社會中生存，就有些天眞無知了。

善良之所以難得與珍貴，就是因爲現實社會中，大多數人都是複雜、自私自利，甚至是愛耍權謀、無賴、奸險的。這才是社會的眞實面。

如果遇到事情了、挨揍了、被欺侮了，只能保持自以爲的善良，只能一邊挨揍、一邊道德勸說，卻毫無反擊的能力，那這樣的善良有什麼用？

有人說，世上的一切都是空的、假的，要隨時保持平靜心、不動心。

但眞實的世界是，拳頭是眞的、挨揍是眞的、虧錢是眞的。何況當我們自己，或是家人朋友遭受不公平、不正義的嚴重傷害時，我們眞的還能維持所謂的平靜心與不動心嗎？

眞正的善良，不應該停留在祈願階段，不應該停留在冀望別人也一樣善良，而是要培養實務上的解決能力，更要鍛鍊極強大的抗擊與反擊能力，以保護自己、家人和朋友。

當有一天，我們的實力強大到別人不敢輕舉妄動，甚至斷了任何侵犯的念頭，我們卻依舊能夠善待每一個人，這才是眞正的善良。

因爲我們保護了自己、家人和朋友，也保護了所有的敵人，以及所有可能無辜受牽連的人。

菩薩是慈悲的，怒目金剛也是慈悲的。

有福報，才會做得到
做得到，才會有福報

在我多年演講的經驗中，我發現從事業務工作的讀者是最願意、最喜歡上課學習的。

當然，業務夥伴上課最核心的目的，除了學習成長，就是希望能夠創造更多業績、賺更多的錢。

但每次演講開始前，我都會拋出一個問題給在場的業務夥伴。

「大家讀了一樣的書、上了一樣的課，甚至接受了一樣的訓練，每個人都那麼努力，爲什麼有些人賺得到錢，有些人賺不到呢？這之間的差距到底是什麼？」

現場往往會陷入一陣靜默、沉思……

這個提問不是臨時起意，而是來自我自己多年前醒悟的智慧。

行天宮的志工阿嬤讓我的生命視角徹底轉向

當年我二十四歲，開了自己的律師事務所。講好聽點是律師事務所的老闆，其實根本沒有任何案件。

這也不難理解，畢竟這世上有哪個當事人會願意把可能影響自己一輩子的官司，交給一個只有二十四歲、只當了一個多月正式律師的菜鳥呢？

那時的我非常拚命，清晨就起床研讀最新的法院判決，出門參加專業研討會、跟客戶應酬吃飯，晚上去補習班教書貼補事務所開支，連假日也排滿了補習班的教課行程。「累得跟狗一樣」已經不足以形容當時的狀態了。

然而，事務所的業績還是沒有什麼起色，只能靠補習班的收入撐著、挺著。

「我已經這麼努力、這麼拚命了，爲什麼還是賺不到錢呢？」爲了讓母親有一間可以安享晚年的房子，內心盈滿焦躁、焦慮、焦急的情緒，甚至埋怨老天的我，不斷思索著。

拖著疲憊的身心，帶著籠罩整顆心的生命疑問，我不自覺地走到了臺北的行天宮。

我是關聖帝君的弟子，所以每次覺得困惑、徬徨時，我總習慣到行天宮拜拜，看看我的主神關帝爺公。

平日的下午，天氣晴朗，稍微有點熱，我一如往常完成了簡單的祭拜儀式。還不想離開，於是我坐到一旁的石階上，看著來來往往的人，以及忙進忙出的志工。

我的目光停留在一群阿嬤身上。她們穿著淡藍色的長袍，有的在幫忙擺放祭品、有的在引導人群、有的跪在墊子上輕聲念經、有的手持著香在爲信徒收驚去厄，更多的是在忙著各項行政庶務。

她們的年紀至少都有五、六十歲，更多的是六、七十歲，或七、八十歲的老人家。雖然非常忙碌，而且有的人行動有些不便、有的年老駝背，她們臉上卻洋溢著我所沒有的平靜、穩定和自信，整個人散發出一種溫暖的慈悲氣場。

這樣的畫面讓我內心有種難以言喻的震撼、觸動、醒悟……

不知爲何，我心裡浮現了塵封、遮蔽已久的一句話：「積善之家，必有餘慶。」阿嬤們相信自己在做一件好事，相信每天做好事，最後一定會有好報。

我發現她們生命力量的源頭，就是積善。

她們發自內心相信「做好事，有好報」，並且一次一次、一點一點、一天一天地實踐著這句話。或許沒讀什麼書，但她們相信好人會有好報，相信幫助別人就是幫助自己。這個信念很樸實、很純粹，長期持續累積後，產生了信仰的力量。

當我們持續實踐自己相信的事，慢慢地會形成信念，進而深化爲生命的信仰。最終我們會與信仰合而爲一，產生難以想像的轉化生命力量，進入「信仰就是我，我就是信仰」的境界。

這讓我慢慢體悟到一件事：原來，「相信，就是一個人的福報」。

這些阿嬤是有福報的人，因爲她們眞心相信。

當我們眞的相信一件事，自然就會做到；如果沒做到，其實就代表我們並沒有眞的相信，或者說，只是停留在頭腦相信的階段，沒有眞的信到心裡。

例如，我們看到火會躲，不會傻到把手伸進火裡，因爲會燙。所以這件事，我們就是眞的知道、眞的相信，而眞的相信自然就會做到，沒有做到就是沒有眞的相信，這是很簡單的道理。

這讓我內心浮現一個反省的念頭：「我相信積善的力量嗎？我眞的相信積善的力量嗎？如果眞的相信，回顧過去一整年，我有做過什麼讓自己感到驕傲、感到幸福、覺得有成就的好事嗎？」

很遺憾，眞的都沒有……

我只是一個汲汲營營、趕早奔晚想辦法賺錢的人，沒有做什麼幫助別人的好事，更談不上自己的存在本身對社會有什麼價值、貢獻和意義。這讓我心裡滿滿都是慚愧、懺悔。尤其當我抬頭看見關帝爺公的巨大神像，更是不自覺地低下了頭。

原來，我是一個沒有足夠福報的人；原來，我生命中一切的困頓、混亂、卡關，都根源於福報不夠，因此難以產生發自內心、轉化生命的信仰力量。

我對自己發誓，不再讓「積善」這句話停留在頭腦的層次，而是要將內心微弱的善的起心動念付諸行動，去幫助別人。

這讓我的生命視角轉了一百八十度，從如何讓自己賺到錢，轉向如何運用自己所學的一切去利益他人、奉獻社會。

原來，**我真正需要的，不是更多的「知道」，而是更多的「做到」；我真正需要的，不是單純的金錢，而是福報**。

人永遠無法賺到自己認知以外的財富，這無關知識、無關努力不努力，而是生命境界的差異。

福報，是灌溉貧瘠心地的養分，是開啓智慧果實的唯一法門。

我開始練習善待每個有緣與我相遇的人，重視並把握生命中每個看似不起眼的小小善緣，用心教好每一堂課、用心辦好每一個案件，無論人數多寡、無論金額大小。

後來的故事就如同媒體對我的專訪報導——我開始不可思議地遇到生命中的一個

個貴人，路越走越踏實、越走越寬、越走越順，不只開始在補教業走紅，連律師事務所也在消費者保險理賠領域逐漸闖出名堂。

最後在家人的全力支持下，我買下人生中的第一棟房子，讓母親在離世前得以安享晚年。

一個有福報的人

問我怎麼辦到的，或許年輕時我會講出一番符合商業書籍提到的各種成功原則的言論，甚至可以列出一個個成功步驟。

但現在你再問我同樣的問題，我會很誠實地說，我只是比較幸運；或者說，我是一個有福報的人。

福報，不單純指幸運，更深的力量是對整體生命的認知，是看待生命的視角，是如何詮釋生命中發生的一切。

道理我們都懂，為什麼做不到，缺的就是福報。所以，我們需要的不是更多的「知道」，而是願意從微弱善念開始，一點點、一次次、一天天地「做到」。

世上有些事情，說再多也很難說得明白；或者說，凡是能夠說明白的，頂多只屬於知識的範疇，記下再多也只是記得很多、知道很多而已。

那些說不清、道不明的微妙力量，卻往往會強烈影響我們對生命的認知，影響我們會遇到什麼樣的人事物。

積累了足夠的福報力量，自然能轉化我們對生命的認知，也就是開智慧；自然能轉化我們遇到的人事物，也就是轉運造命。我把這個叫作「福報的複利效應」。

經過這麼多年，我看待生命的視角已經與當年有很大的不同，我更願意練習善解生命中出現的一切。

當年我願意爲父母努力打拚，我是一個有福報的人。

我願意檢討自己，而生起慚愧心、懺悔心，我是一個有福報的人。

我願意善待有緣相遇的人，我是一個有福報的人。

我願意放棄當律師，聽從內心的驅動成爲作家，我是一個有福報的人。

甚至，我願意隨時觀想關聖帝君在庇佑我、監督我，願意三不五時到行天宮拜拜，回報自己的所思、所言、所行，我是一個有福報的人。

而此時此刻的你，願意好好閱讀一本書，願意好好讀一篇文章，願意一個字一個字地看到這裡，也已經是一個有福報的人了。

Eurasian Publishing Group
圓神出版事業機構
方智出版社 Fine Press
www.booklife.com.tw
reader@mail.eurasian.com.tw
自信人生 182

種福：做內心覺得應該做的事

作　　者／許峰源
發 行 人／簡志忠
出 版 者／方智出版社股份有限公司
地　　址／臺北市南京東路四段50號6樓之1
電　　話／（02）2579-6600 · 2579-8800 · 2570-3939
傳　　真／（02）2579-0338 · 2577-3220 · 2570-3636
副 社 長／陳秋月
副總編輯／賴良珠
主　　編／黃淑雲
責任編輯／黃淑雲
校　　對／黃淑雲 · 許峰源
美術編輯／李家宜
行銷企畫／陳禹伶 · 蔡謹竹
印務統籌／劉鳳剛 · 高榮祥
監　　印／高榮祥
排　　版／杜易蓉
經 銷 商／叩應股份有限公司
郵撥帳號／18707239
法律顧問／圓神出版事業機構法律顧問　蕭雄淋律師
印　　刷／祥峰印刷廠
2023年7月　初版
2024年6月　9刷

定價330元　ISBN 978-986-175-750-6

我的生命不是往好的方向走，也不是往壞的方向走，而是往善的方向走。我不積財也不積名，只是積善。

——《積善》

國家圖書館出版品預行編目資料

種福：做內心覺得應該做的事／許峰源 著 . -- 初版 .
-- 臺北市：方智出版社股份有限公司，2023.07
240面；14.8×20.8公分 --（自信人生；182）

ISBN 978-986-175-750-6（平裝）

1. CST：自我肯定　2.CST：自我實現
3. CST：成功法

177.2　　112007567